JN011617

やさしく学ぶ教育心理学

人と人とのつながりを求めて

栗川 直子・浜崎 隆司

編著

ナカニシヤ出版

はじめに

　本書「やさしく学ぶ教育心理学」は，教師になることをめざして教職課程で学ぶ学生や，教育現場での実践を振り返りながらさらに成長しようとする先生のために書かれたものです。近年，学習指導要領の改訂，教育職員免許法施行規則の改正，大学教職課程の「教職コアカリキュラム」の策定など，教員養成をめぐる状況はめまぐるしく変化しています。また，子どもと保護者を取り巻く社会的状況の変化と支援の必要性に目が向けられるようになるとともに，学校での教師の働き方にも注目が集まるなど，これからの教育のあり方をめぐる議論が各所で行われているところです。

　こうした状況においても変わることがないのは，教育の基盤は人と人との関係にあるということです。教育とは，子どもたちを学びに誘い，育ちを支え，未来へのバトンを託す営みです。人を対象とする以上，人を理解し，支え，人と人をつなぐ知識や技術が教師には求められます。そこで役立つのが心理学です。特に，教育に関わる事項を扱う教育心理学の視点は，教育の構想においても実践においても重要だといえます。

　本書は，「第Ⅰ部：理論編」と「第Ⅱ部：実践編」の2つのパートから構成されています。

　理論編では，人の心のしくみを知り，子どもの心の育ちを支えるための理論を学びます。大学生になって，はじめて心理学を学ぶ学生のみなさんは，心理学の授業が想像していた内容と違うことに驚くかもしれません。そこで，心理学をはじめて学ぶ人が理解しやすいように，教育に関わる心理学の基礎的事項をやさしく語りかけるような文章でていねいに紹介するよう心がけました。さらに学びたい人のために，傍注で専門用語などの詳しい説明を示し，章末には考えを深めるための演習課題も掲載しています。

　実践編では，教育の現場で心理学はどのように実践されているかについて，具体的なエピソードに沿って紹介しています。せっかく心理学の理論を学んでも，それを教育の場でどのように活用したらよいのか悩んでいる先生も多いのではないでしょうか。本書では，幼稚園や保育所から中学校までのさまざまな教育の場面で，特に人間関係の心理学理論を取り入れた実践を紹介しています。子どもたちや職場の上司，同僚の先生や保護者への対応の参考にしていただきたいと思います。

　本書のために描き下ろされたイラストからは，友達や先生と関わりながら，さまざまな課題を乗り越えて成長していく子どもたちの姿がイメージできることでしょう。章の間のコラムでは，乳幼児から大学生まで，教育現場で子どもたちと関わってきた経験豊富な執筆者が，とっておきのエピソードを紹介しています。本書を手に取ってくださったみなさんにとって，未来を生きる子どもが希望を持って歩んでいくために必要なことは何かを考えるきっかけとなればうれしいです。

　末筆になりますが，本書の企画に賛同いただき，貴重な原稿をお寄せくださった執筆者のみなさまに厚くお礼申し上げます。ナカニシヤ出版編集部の山本あかね氏，後藤南氏にはきめ細やかで力強いサポートをいただきました。心より感謝申し上げます。

2024 年 3 月　編者

も　く　じ

第Ⅱ部　実践編
心理学を取り入れた保育・教育現場での取り組み

第Ⅰ部 理論編

教育に関わる心理学

第Ⅰ部では，人の心のしくみを知り，子どもの心の育ちを支えるための理論を学びます。教育に関わる心理学には，どのようなものがあるのでしょうか⁉

第1章

教育と発達
人はどのように育つのか

第1章では,この世界に初めて出会った赤ちゃんが,自分の足で歩き始めるまでの心と体の変化について学びます。子どもの健やかな育ちに必要な大人の関わりとはどのようなものなのか,理解を深めましょう。

1.1 「発達」とは

●1.1.1● 発達の定義

発達とは,人間が受胎してから高齢期を経て死に至るまでの一生の間に起こる心身の形態や構造,機能の面の前進的な変化を指す言葉です(小石,2007)。この定義には,発達の始まりは誕生ではなく受胎,つまりお母さんのお腹に宿ったときであること,そして発達は子どもが大人になれば終わりではなく,死ぬまで続くのだという**生涯発達**の考え方が示されています。

発達という言葉には,「～ができるようになる」とか,小さかったものが大きくなるというような**獲得・成長**といったイメージがあるため,子どもが大人になれば発達は終わりではないかと考える人もいるかもしれません。しかし,大人になってからも,例えば子育てを経験したり,子育てを終えた後に新たな生きがいを見つけたりと,成長の機会は多くあります。教師をめざすみなさんも,人との出会いや経験の積み重ねによりこれからひと回りもふた回りも成長していくことでしょう。親として,職業人としての成長もまた発達なのです。

発達は連続的なもので,わたしたちは日々少しずつ**変化**しています。加齢により「～ができなくなる」とか何かを失うといった**衰退・喪失**もまた人間の一生のなかで起こる変化ですが,機能によって変化のあり方は異なっており,どこまでが獲得・成長で,どこからが衰退・喪失かを線引きすることは難しいでしょう。たしかなのは,人間の心身の形態や構造,機能は前進的に変化する,つまり後戻りしないということです。わたしたちは,さまざまな局面でそれまでに身につけてきた能力や知識を総動員しながら課題を乗り越え,変化を繰り返しながら生きていくのです。

> **生涯発達**
> かつての発達心理学は,乳児期から青年期にかけての変化を扱う学問であったが,長寿化や生き方の多様化により,成人期以降も続く長い人生の生き方に注目が集まるようになり,生涯発達という視点が広まった。

●1.1.2● 発達に影響を与えるもの

　この世に生まれてきた子どもがどのような人に育つのかを考えたときに，**環境や経験の影響**が大きいに違いないと考える人は多いのではないでしょうか。たしかに，家族との関わりや友達との出会い，学校での経験などといった**環境要因**から人は影響を受けます。人間の発達を規定する要因としてもうひとつ考えられるのが，生まれたときから持っている**遺伝要因**です。かつて，遺伝要因と環境要因のどちらが発達を規定するのかをめぐって，研究者の間で論争が起こりました（**氏か育ちか論争**）。例えば音楽家のバッハの家系には，みなさんが学んだ音楽の教科書にも登場した J. S. バッハ以外にもたくさんの音楽家が生まれています。このことから，**ゴルトン**（Galton, F.）は，才能は遺伝によって規定されるのだと主張しました。遺伝要因を重視する考え方は，優れた遺伝子を選択的に残すことで優秀な人間を増やそうという考え方につながり，**優生思想**として政治的にも利用されるに至りました。

　遺伝要因を重視する立場と真っ向から対立したのが，**ワトソン**（Watson, J. B.）でした。彼は，「健康な1ダースの乳児と適切な環境が整えば，才能，好み，適性，先祖，民族など遺伝的といわれるものとは関係なしに，医者，芸術家から，泥棒，乞食までさまざまな人間に育て上げることができる」と述べ，発達における環境要因の重要性を主張しました（Watson, 1925）。経験を重ねることにより伸びる力はたしかにありますが，例えば，オリンピック選手と同じものを食べ，同じトレーニングメニューをこなせば誰でもオリンピック選手になれるかといえばそうではありません。環境しだいでどんな人間にも育てることができるというのは現実には難しいでしょう。

　その後，**シュテルン**（Stern, W.）は，発達には遺伝要因と環境要因の両方が加算的に作用するという**輻輳説**を唱えました。これは，親から子に伝えられる形態や性質（**形質**という）によって遺伝要因が強い場合には環境要因は弱く，また別の形質ではその逆もあるという考え方です。さらに，現在，最も有力なのが，発達の個人差は，遺伝と環境の相互作用の結果であるとする**相互作用説**です。相互作用説は，ある遺伝要因が環境から特定の刺激を引き出し，それが遺伝要因の発現に影響を与えると考えます。輻輳説と異なるのは，複数の遺伝要因と環境要因が相加的に働くという点です。

　近年，行動遺伝学の発展により，さまざまな形質における遺伝の影響が数値により示されるようになりました。身長体重やパーソナリティだけでなく，能力もまたかなりの部分が遺伝の影響で説明できるとされています（安藤，2023）。能力が遺伝により規定されるのであれば努力することは無駄なのかと考えてしまいがちですが，そうではありません。先に挙げた例でいえば，オリンピック選手も音楽家も，遺伝的才能を持っていたとしても，スポーツや音楽にいつでも触れることができる環境や，手ほどきしてくれる指導者の存在，そして練習の機会が与えられなければ才能は開花しないままかもしれませんし，本人がオリンピック選手や音楽家としての活躍を望むとも限りません。人間の発達に遺伝要因と環境要因が影響することは確かですが，どのように影響するかは結局のところ発達してみなければわからないのです。

　教師の仕事は，極端な遺伝主義や経験主義に陥ることなく，一人ひとりの子どもの思いを受け止め，生きていく力を育むことができるよう支え励ますことでは

優生思想の政治利用
ナチス・ドイツによるユダヤ人や障がい者，同性愛者などの大量虐殺のほか，世界各国（日本も含む）で障がい者や犯罪者などの強制断種手術（子どもができないようにする手術）が行われた。

行動遺伝学
発達における遺伝的影響と環境からの影響を量的に説明する統計学的方法論。同家庭で育てられた一卵性双生児と二卵性双生児の類似性を比較する双生児法を用いることが多い。

ないでしょうか。子どもたちが自分の力で道を切り開いていけるよう，どの子どもにも教育の機会が開かれていることが重要だといえます。

●1.1.3● 発達をとらえる方法

（1）質的変化と量的変化

　発達には，**量的変化**と**質的変化**があります。量的変化とは，数値で表すことが可能な変化で，例えば身長や体重，語彙数などがこれにあたります。一方，自己主張がみられるようになる，他者の心が理解できるようになる，といった変化は，数値に置き換えることができない質的変化です。質的変化をとらえる方法として用いられるのが**発達段階**という考え方で，人生を，各時期に特有の様相に注目して区切るものです。この区切りは発達の流れをわかりやすくとらえるための便宜的なものです。本来発達は連続的なものですから，ある日突然区切りを越えて次の段階に移行するといった変化が生じるわけではありません。しかし，まとまりに分けてとらえることで，教師として，目の前の子どもたちがこれから歩む発達の道すじを理解したり，各段階の子どもにどのように関わればいいかといったことを考えたりするのに役に立ちます。

（2）エリクソンの発達段階

　これまでさまざまな研究者が発達段階に関わる理論を提唱してきましたが，特に広く知られているのが**エリクソン**（Erikson, E. H.）の発達段階です（**図1-1**）。エリクソンは，人間の一生を8つの発達段階に分け，それぞれの段階に発達上のテーマ（**心理社会的危機**）が存在するとしました。心理社会的危機とは分岐点でもあり，その危機をうまく乗り越えることで次の発達段階に達することができますが，もし，危機を乗り越えられなければその後の発達段階に問題が生じるとエリクソンは考えました。例えば，乳児期の心理社会的危機は「**基本的信頼 対 基**

図1-1　エリクソンによる発達段階と心理社会的危機 （Erikson, 1959 をもとに作成）

		1	2	3	4	5	6	7	8
Ⅷ	高齢期（成人後期）								統合 対 絶望
Ⅶ	成人中期							世代性 対 停滞	
Ⅵ	成人初期						親密と連帯 対 孤立		
Ⅴ	青年期					アイデンティティ 対 アイデンティティ拡散			
Ⅳ	児童期				勤勉 対 劣等感				
Ⅲ	幼児後期			自主性 対 罪の意識					
Ⅱ	幼児前期		自律 対 恥, 疑惑						
Ⅰ	乳児期	基本的信頼 対 基本的不信							

本的不信」とされています。まだ言葉を話さない赤ちゃんは，お腹が空くと，泣いたりぐずったりして養育者にそれを伝えようとします。養育者が赤ちゃんの要求に気づき授乳するといった養育行動の繰り返しにより，赤ちゃんは，「人は求めればすぐに要求に答えてくれる」という他者への信頼感と，「自分は大切にされる存在なのだ」という自分への信頼感を得ます。乳児期における基本的信頼の獲得は，その後の人生にわたる健全な発達の支えとなると考えられています。

1.2　誕生から自分の足で歩き始めるまで

●1.2.1●　人間はいつも早産で生まれてくる

　生まれたての動物の映像を見たことがありますか？　ウマやサルなどの赤ちゃんは，生後すぐに自分の足で立ち上がり，栄養を摂取したり排泄したりと生命維持に必要な行動をとることができます。一方，ヒトの赤ちゃんが自分の足で歩き始めるのは生後1年がたったころです。身体の発達には，頭部から脚部へという方向性があります。誕生から2か月ほどたってまず自分で首を動かせるようになり，生後5か月で寝返り，生後7〜8か月頃にはいはい，つかまり立ちと，少しずつ自力で移動ができるようになります。このように，ヒトの運動発達には時間がかかります。そのため，赤ちゃんが生命を維持していくためには，大人の手厚い養護を受ける必要があるのです。

　ヒトの赤ちゃんが他の動物に比べて運動機能が未熟な状態で生まれてくる理由は，ヒトの進化の過程にあります。直立歩行を始めたヒトは，自由になった手で道具を作ったり使ったりするようになり，大脳が大きく進化しました。一方，直立歩行により母体の骨盤が変化し，産道が狭くなったために，胎児の頭が大きくなりすぎないうちに出産する**生理的早産**（Portmann, 1961）が常態化しました。本来ならば，子宮内でもっと運動機能が発達してから出産に至るのが望ましいのですが，出生後にその発達が持ち越されることになったのです（子宮外胎児期）。

●1.2.2●　赤ちゃんは無力か

　一日中寝てばかりで，言葉を話すこともできず，お腹が空いたら泣き，眠いので寝かしつけてほしいとまた泣く。養育者がいなければ生きていくことができない赤ちゃんの様子から，赤ちゃんは無力だと考える人もいます。17世紀の哲学者**ロック**（Locke, J.）は，生まれたばかりの赤ちゃんを「タブラ・ラサ（tabula rasa）」（何も書かれていない書板という意味）にたとえ，白紙の状態でこの世に生まれ，その後，経験が書き込まれていくと考えました。

　しかし，近年，赤ちゃんに対する研究手法が開発されたことで，赤ちゃんはわたしたちが思っているより有能であることが明らかになってきました。例えば，ある物体Aが別の物体Bの上に乗っているときに，下にある物体Bを取り除くと上にあった物体Aは宙に浮いたりせずに落下すること（Needham & Baillargeon, 1993）や，生後5か月の赤ちゃんが簡単な足し算と引き算を理解していること（Wynn, 1992），他者を妨害する行動よりも他者を援助する行動を評価すること（Hamlin et al., 2007）など，赤ちゃんは物理の法則や数の性質，社会的評価まで

<hr />

道徳性の理解

Hamlin et al. (2007) の実験では，6か月児と10か月児を対象に，坂を登ろうとしている図形を助ける図形と妨害する図形を見せたところ，どちらの月齢児も他者を助ける図形を好んで選択した。

援助

妨害

理解していると報告されています。

　運動機能の未熟さに比べ，感覚機能の発達は胎児期から始まっています。触覚，味覚，嗅覚，聴覚，視覚の五感は，神経回路の形成により妊娠5か月頃から発達してきます。生まれて数時間しかたっていない赤ちゃんが，母親の声を聞き分けることができる（DeCasper & Fifer, 1980）のは，胎内で同じ声を聞いていたからです。視覚についても妊娠7か月頃には網膜が形成されており，視力はかなり低いものの，出生直後から世界が見えていることがわかっています。運動機能が未熟であっても，感覚機能がある程度発達した状態で生まれてくるため，赤ちゃんは自分の世話をしてくれる人とコミュニケーションをとり，関係を築くことができるのです。

1.3　育てられて育つ子ども

●1.3.1●　時代によって変わる子ども観

　かつて子どもは「小さな大人」とみなされており，ある程度身体が大きくなれば働き手として貢献することが期待されていました。しかし，近代に入ると，子どもは大人とは違う無垢で弱い存在であり，保護や教育が必要なのだという考え方が浸透していきます。未熟な子どもを社会の一員として育て上げることを目的に，学校制度が整えられました。さらに時代が進むと，大人による保護や教育が子どもを抑圧していると指摘されるようになりました。**国連子どもの権利条約**（1989年）に象徴されるように，子どもの主体性や能動性を尊重する考え方が広まり，現代の教育に反映されています。

　現行の**学習指導要領**や**幼稚園教育要領**では，主体的・対話的で深い学びという視点に立ち，子どもが学ぶことに興味や関心を持ち，粘り強く取り組めるような授業が求められています。学びのプロセスにおいては，自分の考えをクラスメイトと共有したり，実社会で働く人の話を聞いたりといった他者との協働が重視されています。子どもは時間の経過とともに勝手に発達していくのかというと決してそうではなく，子どもの発達には人との関わりが欠かせません。鯨岡（2011）は，子どもは生活のなかで出会う多くの大人たちや周囲の子どもたちの影響を強く受け，「育てられて育つ」と述べています。

> **国連子どもの権利条約**
> 児童の権利に関する条約ともいう。児童とは18歳未満の子どもを指す。1989年の第44回国連総会において採択され，1990年に発効した。日本は1994年に批准している。

●1.3.2●　赤ちゃんは人が好き？

　そもそも人は，生まれたときから人への感度が高いことがわかっています。先に述べたように，赤ちゃんは感覚機能がある程度発達した状態で生まれてきます。ファンツの**選好注視実験**（Fantz, 1961）では，生後の早い時期から人間の顔に近いものを最もよく見ていました（**図1-2**）。また，人の話し声に敏感であること（Vouloumanos & Werker, 2007）や，人の表情を模倣する**共鳴動作**（Meltzoff & Moore, 1977）（**図1-3**）がみられることも報告されています。さらに，乳児は自分の世話をしてくれる人に対して，顔の表情や泣きなどによって心身の状態を伝えたり，関わりを引き出したりします。そのように，自ら人と関わろうとする性質が生まれつき備わっていることもわかっています。

> **選好注視**
> 赤ちゃんは，好きなものや新奇なものをじっと見つめる性質がある。この性質を利用して，どの刺激を長く注視するかを観察することで赤ちゃんの好みを調べることができる。

一方，養育者の側も，赤ちゃんのかわいらしい見た目にまず惹きつけられます。動物行動学者の**ローレンツ**（Lorenz, K.）は，体に対して頭の割合が大きい，目が大きく丸く顔のなかの低い位置にある，頬がふっくらしているなど，人間や動物の赤ちゃんが有する身体的特徴をベビースキーマと呼びました。さらに，生後間もなくから，眠っているときやまどろんでいるときなどに赤ちゃんが微笑むことがあります。これは**生理的微笑**といい，赤ちゃんの意思ではなく反射によるものと考えられています。しかし養育者は，自分の関わりに対して赤ちゃんが喜んでいると感じ，もっと関わりたいという気持ちが強くなります。微笑から赤ちゃんの心を読み取ろうとし，声をかけたり，顔の動きをまねして微笑んだりします。やがて赤ちゃんは，周囲からの働きかけに合わせて手足をバタバタと動かしたり，微笑んだりするようになり（**社会的微笑**），やりとりの枠組みが成立します。こうした養育者とのやりとりのなかで，赤ちゃんは「自分が働きかければこの人は応えてくれる」という期待を抱き，自分にとって特別な存在として認識するようになります（2.2.1 項参照）。

ベビースキーマ
人間，犬，猫のベビースキーマをイラストで表してみた。

図 1-2 各パターンの注視時間 （Fantz, 1961 をもとに作成）

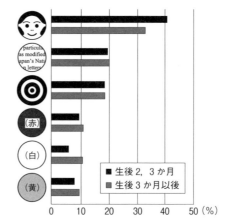

図 1-3 表情を模倣する赤ちゃん

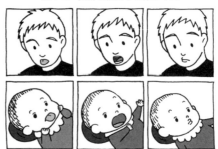

●1.3.3● 非言語的コミュニケーションから言葉の発達へ

生まれてすぐの頃は，<ruby>叫喚<rt>きょうかん</rt></ruby>と呼ばれる大きな泣き声を発することが多かった赤ちゃんですが，生後2〜3か月頃になるとクークーと喉を鳴らすような発声（**クーイング**）がみられるようになり，やがて，笑い声やうなり声，金切り声など，

発声のバリエーションが豊かになっていきます。生後6〜7か月頃には，「ママ
マ」「ダダダ」など子音と母音から構成される**喃語**を発するようになります。こう
した発声は言葉ではないものの，養育者の語りかけに応えたり，指さし等の動作
と組み合わせて自分の要求を伝えたりするコミュニケーションの機能を持ってい
ます。構音の発達とともに，「働きかければ応じてもらえる」という期待や，「こ
の人と気持ちを分かち合いたい」と思えるような養育者との関係性の構築が，言
葉を発する土台になります（坂上，2014）。

　脳の発達もまた，言葉の発達の前提となります。1歳頃の子どもは，目の前に
ないものを頭のなかで思い描くこと（**表象**）ができるようになっています。さら
に，そこには存在しないものを別のもので置き換えて表現する能力（**象徴機能**）
が出現します。特定のイメージと結びついた音の並びや文字の組み合わせ，つま
り言葉も象徴のひとつであり，象徴機能の働きによって，茶色の毛に全身が覆わ
れていて耳や尻尾のある犬を「い」「ぬ」という音や文字で表し，心のなかで実物
と同じように扱うことができるのです。

　1歳前後に初めての意味のある言葉（**初語**）を発しますが，この頃の子どもが
話せる言葉はまだ少なく，例えば「マンマ」のように1つの単語を発することで
「ご飯が食べたい」という意思を養育者に伝えようとします。単語1つであっても，
文脈や子どもの表情などから養育者は子どもが何を伝えたいのかを読み取って応
えようとするため，会話が成立するのです。やがて，**語彙爆発**と呼ばれる，子ど
もの語彙が急激に増加する時期を迎えると，二語文，三語文と徐々に話す言葉が
長くなっていきます。はじめは単語の誤用や文法の間違いも多いため，養育者が
子どもの意図を汲んだり，間違いをやさしく正したりすることで，子どもは言葉
を身につけていきます。

　このように，子どもの発達にとって重要なのはコミュニケーションを含んだ他
の人間との社会的な相互作用であり，人との関係のなかで子どもは育っていくの
だといえます。ヒトの子ども期は，他の動物に比べて長いのが特徴ですが，それ
は先に述べたように，運動機能が未熟な状態で生まれてくるために大人による養
護を必要とするからです。知識や経験の多い大人と関わる時間が長いことで，子
どもは複雑な社会を生き抜くための知恵を身につけ，文化を継承していきます。
教師としてのみなさんの関わりも，子どもたちの発達に影響を与え，次の世代の
社会や文化に繋がっていくのです。

WORK

考えを深めるために

　エリクソンの理論に基づいて，教師として各段階の子どもと関わる際に大切
にしたいことを考えてみよう。

引用・参考文献

安藤寿康（2023）．能力はどのように遺伝するのか――「生まれつき」と「努力」のあいだ―― 講談
　社

DeCasper, A. J., & Fifer, W. P.（1980）. Of human bonding: Newborns prefer their mothers' voices. *Science,*
　208(4448), 1174-1176.

Erikson, E. H.（1959）. *Identity and the life cycle.* International Universities Press.（エリクソン，E. H.　西平

　　直・中島由恵（訳）（2011）．アイデンティティとライフサイクル　誠信書房）

Fantz, R. L.（1961）. The origin of form perception. *Scientific American, 204*, 66-73.

Hamlin, J. K., Wynn, K., & Bloom, P.（2007）. Social evaluation by preverbal infants. *Nature, 450*(7169), 557-559.

小石博文（2007）．発達心理学とは　小石博文（編著）子どもの発達と心理（pp. 1-8）　八千代出版

鯨岡　峻（2011）．子どもは育てられて育つ——関係発達の世代間循環を考える——　慶應義塾大学出版会

Meltzoff, A. N., & Moore, M. K.（1977）. Imitation of facial and manual gestures by human neonates. *Science, 198*(4312), 75-78.

Needham, A., & Baillargeon, R.（1993）. Intuitions about support in 4.5-month-old infants. *Cognition, 47*(2), 121-148.

Portmann, A.（1951）. *Biologische Fragmente zu einer Lehre vom Menschen*. Benno Schwabe.（ポルトマン，A.　高木正孝（訳）（1961）．人間はどこまで動物か　岩波書店）

坂上裕子（2014）．「いま」「ここ」をこえて——言語と遊びの発達——　坂上裕子・山口智子・林創・中間玲子（著）問いからはじめる発達心理学——生涯にわたる育ちの科学——（pp. 69-83）有斐閣

Vouloumanos, A., & Werker, J. F.（2007）. Listening to language at birth: Evidence for a bias for speech in neonates. *Developmental Science, 10*(2), 159-164.

Watson, J. B.（1925）. *Behaviorism*. New York: The People's Institute Publishing Company.

Wynn, K.（1992）. Addition and subtraction by human infants. *Nature, 358*(6389), 749-750.

涙，涙の保育室の先にある子どもたちの成長

　保育園で勤務して2年目となり，はじめて1歳児クラスの子どもたちを受け持っていたときのことです。

　1歳児クラスは比較的，新入園児の多いクラスなので，環境の変化に慣れないうちは涙を流しながら登園する子が少なくありませんでした。ママを追いかけようと保育室を飛び出していく子，出入り口にへばりついて泣きながらママを呼ぶ子，うずくまって泣く子，保育士から離れようとしない子，そんな新入園児の様子を見て，0歳児クラスからの持ち上がりで園生活には慣れているはずの子どもたちもつられて泣いてしまい，保育室は泣き声の嵐でした。

　ママがいない寂しさ，慣れない環境におかれている不安，そして泣いている子の姿を見てつられて悲しくなってしまうなど，涙を見せる子どもたちの思いはそれぞれです。

　そんなそれぞれの思いを抱えている子どもたちに寄り添う余裕など，当時の私にはまったくなく，とにかく泣き止んでもらおうと必死でした。

　そんな状況のなかでベテランのN先生は

　「泣いていいんだよ。こんなに思いきり泣くことなんて大人になったらできないからね。保育園が安心して楽しく過ごせるところだってわかってきたら，大丈夫よ。」

と言って子どもたちに笑顔で接していました。

　その言葉どおり，涙を見せながら登園する子は日に日に減っていき，ひと月を過ぎるころにはほとんどいなくなりました。

　子どもたちの順応性は私たちが思っている以上に高く，その成長のスピードには目を見張るものがあります。ときには私たち大人のほうがついていけないほどです。あんなに涙を見せていたのにいつの間にかママとの朝の別れもそこそこに，いちもくさんにお気に入りのおもちゃや大好きな先生のところへ走っていく子どもたち。

　「泣きながら登園されると後ろ髪をひかれる思いだったけど，あんなにあっさり登園していってしまうのもなんだか寂しいわー。」

と苦笑いをうかべる保護者もいましたが，やはり笑顔で遊びを楽しむ子どもたちの姿に大人はみんなひと安心でした。

　人は周囲の環境や人から大きく影響を受けるもので，成長過程にいる子どもたちはより強く影響を受けています。そして，身近にいる大人の姿を驚くほどよく見て，気持ちを敏感に感じとっています。

　そんな子どもたちの手本となる仕事であることに対して，適度な緊張感と，子どもたちの気持ちを受け止める余裕を持てるようになることが大切だと感じました。

　まずは，子どもたちとの時間を楽しむこと，そして保護者と子どもたちの成長をともに喜び，可能性を信じて信頼関係を築いていくことから始めていきたいですね。

（中村香織）

第2章

教育とパーソナリティ
「わたし」の育ち

　「わたし」とはどのような人間なのか……。誰しも一度は考えたことがあるでしょう。私たちは自分自身について理解したり表現したりするとき，性格や人格について思い浮かべるでしょう。日本語でいう性格や人格は，英語では**パーソナリティ**と表現されます。第2章では，「わたし」の形成やそのとらえ方，「わたし」の形成に影響を与える要因について，理解を深めていきましょう。

2.1　「わたし」を表す言葉

●2.1.1●　パーソナリティと自己，アイデンティティ

(1) 自 己

　心理学においてパーソナリティをどのようにとらえるか，その概念に対してはさまざまな議論があります。大まかには，パーソナリティは「感情，思考，行動の一貫したパターンを説明する，その人の諸特徴」と考えられています。簡単にいうと，他の人とは違う「わたし」らしさを決定づける行動や考え方に方向性をもたらす性格特徴であると考えることができます。ここで大切なのは，パーソナリティは，個人がもつさまざまな特徴であり，かつ，その人の全体であるという視点です。つまり，その人らしさを表現するパーソナリティ特性が形成，変化する過程や，パターンが維持される過程をふまえ，「わたし」ととらえる必要があるのです。パーソナリティを語るときに中核的な役割を担うのが「**自己**」です。「自己」には，知る主体としての I と，I に見つめられ，知られる客我としての Me がいると考えられています（James, 1892）。この I と Me という**自己の二重性**は，現代の心理学で広く受け入れられています。

(2) アイデンティティ

　パーソナリティと似た概念に**アイデンティティ**があります。日本語では**自我同一性**と表現されます。アイデンティティは，「自己斉一性と連続性が明確であること，さらに他者からの承認が得られている自信」と定義されています（Erikson, 1980 西平・中島訳 2011）。斉一性とは，自分は他の人とは違う，唯一の存在としての自分自身という不変的な感覚であり，連続性とは，さまざまな場面，時間的な変化を経ても私自身であり続けるという感覚です。アイデンティティを，前述の自己の二重性から説明すると，I が，過去から現在，未来にかけ

てさまざまな場面の Me を見つめるなかで，一貫しており，その自分が「わたし」らしいと感じるからこそ得られる感覚だと言えます。そしてその感覚をより確かなものにするためには，他者からも同様の評価が得られ，自分の認識と一致することが重要になります。例えば，真面目な自分が「わたし」らしいと感じている人の場合，I は，これまで学校や生活などさまざまな場面の自分（Me）を客観的に見つめるなかで何に対しても真面目に取り組む「わたし」を発見しており，その姿を認める他者の存在もあったはずです。そして，そのような「わたし」は本来の自分であると感じ，きっとこれからもそう振る舞うだろうという確信を持っている状態であると考えられます。

●2.1.2● アイデンティティの３つの分類

　アイデンティティの分類の仕方は，研究者によりさまざまなものがあります。例えば，マックアダムスら（McAdams & Zapata-Gietl, 2015）は，アイデンティティは３つの層からなることを提唱しています（**図 2-1**）。

　第一層は，社会的に求められた役割を演じることで形成されるアイデンティティです。人が社会のなかで生きていく限り，そこにはさまざまな役割や道徳，規範があります。それらを I が感じ取り，Me の思考や行動を方向づけることで，一貫した行動パターンを形成していきます。そのため，このひとつ目の層は社会的役割としてのアイデンティティとみなされ，生まれ持った気質や学習の影響を受けやすいという特徴を持っています。この層に現れる特徴が**パーソナリティ特性**であると考えられています。この層のアイデンティティを形成していく過程では，社会での役割や道徳などを内在化していき，実践していくスキルが身についていきます。

　第二層は，社会的な役割の枠を超え，人生の目的や自分自身への価値を探求するなかで形成されるアイデンティティです。そのため，自分の人生を生きる行為主としてのアイデンティティと考えられています。現代社会では，社会が求める役割だけに縛られるのではなく，自分らしい人生を主体的に選択し，決定していくことができます（Côté & Levine, 2016）。この行為主としてのアイデンティティは，社会の役割を内在化し行動化するスキルを身に着けたうえで，改めて自身の人生や存在の価値を内省し，人生の目的を設定し，ときには気質的な行動傾向に反して行動し達成をめざしていくスキルが身についていきます。

図 2-1　パーソナリティの３層構造（McAdams, 2015 より）

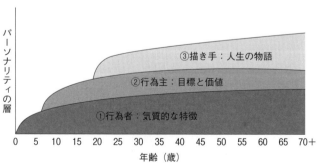

　そして最後の三層目は，**ナラティブ・アイデンティティ**とよばれています。ナラティブとは「語り」です。第一層，第二層のアイデンティティが形成，確立していく過程は，過去，現在のさまざまな経験，そして未来を見通した自分自身の変化の過程とみなすことができます。そしてこれら一つひとつのエピソードに登場する Me は，「わたし」のほんの一部分です（Syed & McLean, 2016）。この「わたし」たちについての語りをつなげ，一連のストーリーにしていくことで，「わたし」の人生の物語ができあがります。この物語を通して「わたし」が全体的，そして斉一的に統合されていくと考えられています。

　これら3つのアイデンティティは，過去から現在に形成される第一層，過去から未来にかけて形成される第二層，そしてそのすべてを包括する第三層とステージが積み上がり，生涯にわたり発展していくと考えられています。

●2.1.3● 「わたし」らしさを発揮する

（1）社会的アイデンティティ

　アイデンティティは，態度のパターンを重ねるなかで形成されていきます。形成されたアイデンティティは，常に同一，同レベルで表出されるのでしょうか。

　タジフェルとターナー（Tajfel & Turner, 1979）は，**社会的アイデンティティ理論**のなかで，Me としての自己へのとらえを，日本，学校，職場，性別など社会的な枠組みからとらえる**社会的アイデンティティ**（social identity）と考え，パーソナリティなど独立した個人の枠組みを**個人的アイデンティティ**（personal identity）と考えました。社会的アイデンティティ理論は，少ない認知的労力で効率よくより多くの情報を得るために，複雑な社会を所属集団により分類してとらえます。この枠を通じて，自分や他人を知覚する際に生じる人間の心理的，行動的な歪みのメカニズムを説明しています。筆者自身の社会的アイデンティティは，母親，先生，女性，学童の役員，日本人などであり，その枠組みから「わたし」が表現できます。言い換えるなら，「わたし」のなかには，複数のアイデンティティが存在していることになります。私たちは，それぞれの枠組みに所属するメンバーの共通性を見出し，そのイメージを自分に取り入れ，態度に反映させているのです。

　例えば高木（1983）は，小学校の先生の教師としての自己像と理想像を調査しています。その両項目で，責任感がある，協力的，やる気がある，公平な，などの項目が高得点であり，これらが「教師らしい」特性だと考えられます。そのため，もともとはズボラな性格で，マイペースでだらしがない人でも，職員室の自分の机が整理整頓され，快活な姿が見られるというような教師アイデンティティが顕在化した状況では，もともと持っている性格的な特性とは異なる「教師らしい」行動が引き出されているとみなすことができます。

態度の3要素
態度は「物事に対する評価的反応」と定義され，感情（好き・嫌い），認知（賛成・反対など対象への評価），行動（対象への関わり方）の3要素に分類される。

（2）脱個人化

　このように，私たちのなかには，所属する集団によりさまざまなアイデンティティが形成されており，そのとき，その状況に「最適な」アイデンティティが顕現化し，態度に影響を与えるのです。つまり，私たちはアイデンティティの一部を所属集団から引き出し，所属集団の価値を高く評価することで自尊心を維持しようとすると考えられています。そのため，所属集団への意識が高まることで，

脱個人化の事例
国際大会の審判や採点には，選手と同じ国の出身者は除外される。これは，どれほど公平，公正なパーソナリティを持つ人でも，国際試合という自国の社会的アイデンティティが顕現しやすい状況では脱個人化が生じ，自国の選手に有利な判断や採点，すなわち内集団ひいきが生じる可能性があるからである。

パーソナリティ特性である個人的アイデンティティが消失し（**脱個人化：depersonalization**），集団メンバーに同調しやすくなるなど，態度や意思決定に偏りが生じると考えられています（Turner, Hogg, Oakes, Reicher, & Wetherell. 1987）。

このように，斉一的な「わたし」を形作るパーソナリティ特性は，常に同一，同レベルで表出されているわけではないことがわかります。しかし，このすべてを包括して「わたし」と認識し，受け入れていくことが大切です。

WORK

■ **考えを深めるために**

あなたにはどのような社会的アイデンティティが存在しますか？ それぞれ顕在化したアイデンティティによって，態度（認知・感情・行動）にどのような違いが生じているか比較してみましょう。

2.2 「わたし」の芽生えと「わたし」の確立

●2.2.1● 「わたし」の芽生え

◆1歳頃まで

生まれたばかりの赤ちゃんは，「わたし」について客観的な意識はありません。そればかりでなく，腕や足といった自分の身体さえも，それが自分の一部であることを理解していません。そのような状況から，「わたし」を発見，発達させるということは，自分自身の意図を発見し，客体としての Me を認識していくプロセスであると考えられます。さらに，自己の発達は他者からも影響を受けるため，他者の意図や心への気づきを発達させていくプロセスをも伴っているといえます。では，乳幼児の自己形成の発見プロセスを確認していきましょう。

新生児の有能性
新生児は決して無能な存在ではない。例えば，胎児期から母親の声を聴き，記憶していることが明らかになっている。

右も左もわからない生まれたばかりの赤ちゃんですが，生後2か月くらいには，自分の手を見つめる，なめるなどの行動が見られるようになります。これは**ハンドリガード**と呼ばれ，自分の意図するように動く身体を観察していくことで自分の身体に対する気づきを広げていきます。

3か月くらいになると，人に対して意図的に笑いかける**社会的微笑**が見られるようになります。赤ちゃんの笑顔は，他者の笑顔を引き出します。このやりとりは，乳児が人と物を区別し，他者との社会的な相互作用を通して人に対する興味を深める役割を果たします。さらに6か月を過ぎる頃には，他者のなかでも特に自分に重要な他者である，**愛着（アタッチメント）**対象者を理解し始め，8か月には「人見知り」という形で明確に行動に表すようになります。愛着とは，子どもと養育者との間に築かれる情緒的な絆と考えられています（Bowlby, 1969 黒田他訳, 1976）。

10か月くらいになると，愛着対象者を中心に，他者が示した指さしや視線の先に子どもが目を向け，一緒に見つめる**共同注視**ができるようになります。これは「指向の指さし」と呼ばれています。その後，自分の興味を伝えるために，指さしをしながら相手の表情を確認する「定位の指差し」が見られるようになります。このやり取りは，指さしをした他者の意図に乳児が気づいていると同時に，自分

の意図の表出を通して Me を意識し始めていることを意味します（Tomasello, 1993）。そのためこの頃には，自分の行動や判断に迷ったときに，主に愛着対象者の表情をうかがい，その反応を受けた行動をする姿が見られるようになります。これは**社会的参照**と呼ばれ，人を介して世界を知る，他者の意図に気づき，さらに自分の判断に他者の意図を介在させていることを意味します。

このように，愛着対象者は自分の意図した行動を応援してくれたり後押ししたりしてくれる存在となるのです。さらに，愛着対象者の存在は安全の基地（secure base）（Bowlby, 1969; Ainsworth, 1982）となり，その基地があるからこそ，自分の心のままに，安心して周囲の世界に興味を向け，探索活動を行うことができるようになります。この行動を繰り返すなかで，旺盛な好奇心や独創性，慎重さ，などの「わたし」らしさ，つまり，パーソナリティに基づく行動が表出されていくようになります。

◆4〜5歳頃まで

そして1歳を過ぎる頃には自我が芽生え，2歳に向かいその自我が拡大していきます。この頃には，自己主張や拒絶を通して Me としての自己がさらに明確になっていきます。

3歳頃になると自我が充実し，自分より小さい子に優しくするなど，社会から求められる自分を発揮できるようになる一方で，「できる／できない」といった**二分評価**で物事をとらえるようになります。この二分評価は，4〜5歳頃になると，他者との比較や他者のなかの自分をとらえる方略のひとつとして用いられるようになってきます。そのため，自己評価が大きく揺れ動く時期となります。特に失敗経験や苦手なことに出会ったとき，達成したときなどは，親や先生など親密な他者からの関わりが自己肯定感や自信などの自己のとらえに影響を及ぼしていきます。これらは，「わたし」らしく行動するための素地となります。

◆児童期以降

このように，誕生後から就学前の幼児期にかけて，愛着関係はパーソナリティ形成や発揮に重要な役割を果たします。そしてこの関係は幼児期だけでなく，その後の成長過程，特に青年期の対人関係における他者の行動知覚と予測に影響を与えると考えられています。幼児期に安定した愛着が形成されると，愛着対象者は心のなかで良いもの，安定したものとして内在化されます。同時に，自分には価値があり，愛されるべき存在であるという自分へのモデルと，他者は困ったときには助けてくれる存在であり，信頼できる存在であるという他者へのモデルが形成されます。この愛着を通じて形成される自己や他者に対する信念は，**内的作業モデル**（Internal Working Model：IWM）（Bowlby, 1973）と呼ばれています。IWM により，他者と親密になることに心地よさを感じ，自分自身への価値や信頼を基盤に自立し，適切な対人関係を築くことができるようになります。安定した IWM は幸福感を予測する要因となっています（渡邉, 2011）。そして安定した対人関係は自尊感情を支える資源となり，発達課題の達成を助けると考えられています（Hartup & Stevens, 1997）。

社会的参照の事例

初めて犬に出会った際，フワフワしたその体に触りたくて手をさしのべるものの，迷ったとする。このとき，一緒にいた母親の笑顔でうなずくなどの反応を確認し，実際に犬を触ってみることがある。

●2.2.2● 「わたし」の確立

(1) 青年期の特徴と課題

　青年期では，第二次性徴を迎え，職業選択や自立，人間関係や恋愛などの重要なライフイベントを経験します。このように，身体的，情緒的，社会的に大きな転換期を迎える青年期の発達課題は，アイデンティティの確立です（Erikson, 1959 小此木訳編 1973）。これまでに親や学校の先生など，周囲の重要な他者の価値観や見方に影響を受けて形成してきた自分自身について，自分の持つ考えや枠組みで見つめ直すのです。

　さらに，認知発達の理論を提唱したスイスの心理学者，**ピアジェ**（Piaget, J.）の発達段階理論によれば，青年期は**形式的操作期**に該当し，抽象的かつ論理的に物事をとらえ思考する能力が成熟します（第3章参照）。アイデンティティの確立は，これらの能力を活用して自己を客観的に評価し，自分と他者，そして社会との対比を通じて青年期のライフイベントに向き合うプロセスです。この過程で，自分が生まれてきた意味や価値観，将来の方向性や人生の目標について葛藤や試行錯誤を繰り返し，思考しながら自分なりの答えを見出すことが重要です。

　しかし，他者との関係のなかで自己をとらえようとする文化を持つ日本の青年は特に，自己批判や否定的な自己評価をしやすいことが知られています（高田, 1993）。その理由のひとつは，アイデンティティが不確実であるからだと考えられています（加藤, 1977）。このアイデンティティの不確実さを解消するために，私たちは自分と似た他者と比較する**社会的比較**を行い，自己認識を安定化させようとします（Festinger, 1954）。社会的比較は，自分よりも優れている他者と比較する上方比較と，自分よりも劣っていると思われる他者と比較する下方比較の2方向があります。青年期には上方比較が用いられやすいことが知られています。アイデンティティが不確実であるためにさらに社会的比較が増大し，自己評価のさらなる低下をもたらしてしまうのです（高田, 2011）。そのため，青年期の課題は「**アイデンティティの危機**」と呼ばれています。

(2) 青年期のアイデンティティ形成

　この青年期のアイデンティティ確立について，**マーシャ**は，青年期の「**危機**（crisis）」と「**関与**（commitment）」の有無の組み合わせにより4つの状況に分類する，**アイデンティティ・ステイタス**を提唱しました（Marcia, 1966, **表2-1**）。「危機」とは，アイデンティティを確立していく過程に経験する葛藤のことであり，「関与」とはその「危機」に対して自分の関与度や意思決定を示します。「**達成**」とは，危機を経験し，積極的な関与を行うことで自分の人生や価値に気づいた状態であり，経験中の危機に関与しているものの，達成にたどりつけていない状況は「**モラトリアム**」と呼ばれています。モラトリアムはラテン語で猶予や遅延を示す「*mora*」に由来する言葉です。

　青年期は，アイデンティティ確立過程で出会うさまざまな葛藤を乗り越え，大人になるための猶予期間とみなすことができます。また，危機に直面しても，親や先生など他者の意見に従うなどによって本質的な危機を経験せずに，直面した危機に対応して達成する「**早期完了**」，そして危機の有無にかかわらず，積極的に関与することのない「**拡散**」があります。

　こうして青年期に形成されたアイデンティティは，そこで完成を迎えるのでは

なく，その後，成人期以降の再構築の場面に引き継がれていきます。成人期以降の再構築の場面においても，アイデンティティは拡散状態となるため，再びモラトリアムの期間を過ごすこととなります。このように，アイデンティティの形成は，拡散と達成をくり返すと考えられています（岡本，1994）。

表 2-1　アイデンティティ・ステイタスの分類（Marcia, 1966 より）

ステイタス	危機（crisis）の有無	関与（commitment）の有無
アイデンティティ達成	経験した	している
早期完了	経験していない	している
モラトリアム	その最中	しようとしている
アイデンティティ拡散	経験していない	していない
	経験した	していない

2.3　「わたし」をとらえる方法

(1) 類型論

　「社交的な」「冷静な」「大らかな」「誠実な」「保守的な」など，パーソナリティを示す言葉は多岐に渡ります。あなたは他者の行動を予測したり，行動の理由を考えたりするとき，何らかの基準を持っていませんか？　例えばA型の人は○○，猫好きの人は○○など，パーソナリティを何らかの基準により分類し理解しようとする考え方は**類型論**と呼ばれます。例えば，体格と気質と精神疾患とを結びつけた類型では（Kretschmer, 1921），細長い体型の人は非社交的で神経質な特徴をもつ分裂気質（統合失調症），肥満型の人は社交的で活発でありつつ，冷静さを特徴にもつ循環気質（躁うつ病），そして骨格や筋肉の発育が良い闘士型の人は執着が強く，几帳面，融通の利かなさを特徴に持つ粘着気質（てんかん）と分類しました。

　ほかには，無意識の領域を重視したユングは，人の興味や関心が自分の内側に向かう内向型と，外の世界に向かう外向型に分類しました。内向型は新しい場面への慣れが苦手で狭く深い人間関係を築き，思考や空想を好む特徴があり，外向型は場面への慣れや他者と打ちとけるのが早く，集団活動を好む，という特徴があると分類されています。他にも多くの類型論が提唱されています。

　このように類型論はいくつかの型に人を当てはめて判断します。当然，人はその類型以外の特性も兼ね備えていますが，その類型こそが正しいと思ってしまうこともあります。科学的な根拠は示されていないものの，血液型による判断が広く受け入れられているのが良い例です。この理由として，人は自分が信じる情報に選択的な注意を払い，それを自分の判断に取り入れる一方，自分にとって都合の悪い情報にはしばしばあまり目を向けようとしないことがあります。この現象は**確証バイアス**と呼ばれています。

(2) 特性論

　類型論は複雑なパーソナリティに典型的な共通性を当てはめることで人を理解しやすいという長所がある一方で，その型に合うかどうかで判断されるため，そ

──── ビッグファイブ ────

自分自身にどれくらいあてはまるかを，あてはまる（5）～どちらとも言えない（3）～あてはまらない（1）で評定し，合計得点を算出する。*は逆転項目なので得点を反転させる。

外向性
無口な*／社交的／話し好き／外向的／陽気な

誠実性
いい加減な*／ルーズな*／成り行きまかせ／怠惰な*
／計画性のある／軽率な／几帳面な

情緒不安定性
不安になりやすい／心配性／弱気になる／緊張しやすい／憂鬱な

開放性
多才の／進歩的／独創的な／頭の回転の速い／興味の広い／好奇心が強い

調和性
短気*／怒りっぽい*／温和な／寛大な／自己中心的／親切な

（並川ら，2012 より）

の中間や，その型に当てはまらない特性が見失われやすくなるなどの短所もあります。そこで，さまざまな場面で，比較的安定した行動特性の組み合わせ，それらの程度に基づいてパーソナリティを測定する**特性論**が登場しました。**オールポート**は，辞書に記載されたパーソナリティ特性を表す言葉を抽出し，そのなかから見出された共通性を語群として分類しました（Allport, 1937）。その結果，支配的，外交的などの一般的性格特徴として 14 項目，容姿，活動力などの心理的・生理的基礎として 7 項目を設定しました。それらの項目を 5 段階で評定し，パーソナリティ構造をプロフィール化してとらえようとしました。**キャッテル**は，これらの項目をさらに整理し，明るい・暗い，情緒的・平静などの反対の意味を持つ単語対を作成し，分析することで，最終的に 16 のパーソナリティ特性を見出し，**16PF**（Sixteen Personality Factor Questionnaire）という検査を開発しました（Cattell, 1957）。特性論のなかで，現在幅広く受け入れられているのが，5 つの特性で人を説明しようとする**ビッグファイブ**（Big Five）です。外向的な行動を示す「外向性」，衝動のコントロールやまじめさを示す「誠実性」，情緒面での不安定さを示す「情緒不安定性」，知的好奇心の高さや美や理論への興味を示す「開放性」，やさしさや共感する力を示す「調和性」の 5 つで構成されています。ビッグファイブは，異なる文化圏や言語圏での研究でも同様の特性や概念が確認されていますし，さらに双生児のパーソナリティや知能の研究をした遺伝行動学の知見では，これらの特性は半数程度遺伝することが知られています（安藤，2009）（第 5 章参照）。

（3）他者からのフィードバック

　このように，尺度を利用することで客観的な観点からパーソナリティ特性を理解することが可能です。しかし，日常ではこのような機会は少ないと思います。「自分らしさ」を自覚する際，自分に対する他者からのフィードバックはとても重要な役割を果たすことがあります。I と Me の一致感においても，他者の承認が重要であることは，2.1 節でも述べました。他者からのフィードバックについて**クーリー**は，他者が自分をどのようにとらえているかを自分が認識することで，自己が形成されると考えました（Cooley, 1902）。そして，他者がとらえた自己の姿は，鏡に映し出された自分の姿のようであることから，**鏡映的自己**（looking-glass self）と呼ばれています。

　成功や失敗，達成や挫折，喜びや悲しみなど，私たちはいつのタイミングでも，さまざまなことを経験します。そのなかで，自分が思う自分，他者がとらえる自分，なりたい自分，なれない自分など，さまざまな自己に出会うことでしょう。これらはすべて自分自身であり，ありのままの自分を受容し，肯定し，信じていくことが大切です。

WORK

■ **考えを深めるために**

自分を見直し，発見するために，
「ジョハリの窓（Johari's Window）」
課題に取り組んでみましょう。ジョ
ハリの窓は，

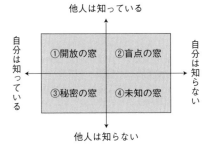

①自分も他人も知っている自己
　（開放の窓）

②他人は知っているが自分は知ら
　ない自己（盲点の窓）

③自分は知っているが，他人は知らない自己（秘密の窓）

④自分も他人も知らない自己（未知の窓）

の４象限から構成されます。まず，性格や能力などについて複数項目を決め
ます。そして，自分が該当するものに○をつけ，他者からの自分への評定を
合わせ集計します。「自分も相手も○＝開放の窓」，「他人のみ○＝盲点の窓」，
「自分のみ○＝秘密の窓」，「誰も○がついていない＝未知の窓」，となります。

引用・参考文献

Ainsworth, M. D. S.（1982）. Attachment: Retrospect and prospect. In C. M. Parkes & J. Stevenson-Hinde （Eds.）, *The place of attachment in human behavior*（pp. 3-30）. New York: Basic Books.

Allport, G. W.（1937）. *Personality: A psychological interpertations*. New York: Henry Holt.

安藤寿康（2009）. 生命現象としてのパーソナリティ　榎本博明・安藤寿康・堀毛一也　パーソナリティ心理学——人間科学，自然科学，社会科学のクロスロード——（pp. 111-133）　有斐閣

Bowlby, J.（1969）. *Attachment and Loss, Vol. 1: Attachment*. New York: Basic Books.（ボウルビィ，J.　黒田実郎・大羽蓁・岡田洋子（訳）（1976）. 母子関係の理論Ⅰ　愛着行動　岩崎学術出版社）

Bowlby, J.（1973）. *Attachment and loss. Vol. 2. Separation*. New York: Basic Books.

Cattell, R. B.（1957）. *Personality and motivation structure and measurement*. World Book Company.

Cooley, C. H.（1902）. *Human nature and the social order*. New York: Charles Scribner.

Côté, J. E., & Levine, C. G.（2016）. *Identity formation, youth, and development: A simplified approach*. New York: Psychology Press.

Erikson, E. H.（1959）. *Psychological issues: Identity and life cycle*. International Universities Press（エリクソン，E. 小此木啓吾（訳編）（1973）. 自我同一性——アイデンティティとライフ・サイクル——　誠信書房）

Erikson, E. H.（1980）. *Identity and the life cycle*. New York: W. W. Norton.（西平直・中島由恵（訳）（2011）. アイデンティティとライフサイクル　誠信書房）

Festinger, L.（1954）. A theory of social comparison processes. *Human Relations, 7*(2), 117-140.

Hartup, W. W., & Stevens, N.（1997）. Friendships and adaptation in the life course. *Psychological Bulletin, 121*(3), 355-370.

James, W.（1892）. *Psychology: The briefer course.*（Ed., by G. Allport）. Notre Dame Indiana: University of Notre Dame Press.

加藤隆勝（1977）. 青年期における自己意識の構造　心理学モノグラフ No14.

Kretschmer, E.（1921）. *Körperbau und Charakter: Untersuchungen zum Konstitutionsproblem und zur Lehre von den Temperamenten.*（クレッチマー，E. 斎藤良象（訳編）（1944）. 体格と性格　肇書房）

Marcia, J. E.（1966）. Development and validation of ego-identity status. *Journal of Personality and Social Psychology, 3*(5), 551-558.

McAdams, D. P., & Zapata-Gietl, C.（2015）. Three strands of identity development across the human life course: Reading Erik Erikson in full. In K. C. McLean & M. Syed（Eds.）, *The Oxford handbook of identity development*（pp. 81-94）. Oxford University Press.

並川努・谷伊織・脇田貴文・熊谷龍一・中根愛・野口裕之（2012）. Big Five 尺度短縮版の開発と信頼性と妥当性の検討　心理学研究, *83*, 91-99.

岡本祐子（1994）. 成人期における自我同一性の発達過程とその要因に関する研究　風間書房

Syed, M., & McLean, K.（2016）. Understanding identity integration: Theoretical, methodological, and applied issues. *Journal of Adolescence, 47*, 109-118.

Tajfel, H., & Turner, J. C.（1979）. An integrative theory of intergroup conflict. In S. Worchel & W. G. Austin（Eds.）, *The social psychology of intergroup relations*. Monterey, CA: Brooks-Cole.

高木秀明（1983）．教師の自己像と生徒，横浜国立大学教育紀要，*23*, 93-110.

高田利武（1993）．青年の自我概念形成と社会的比較――日本大学生に見られる特徴――　教育心理学研究，*41*，339-348.

高田利武（2011）．社会的比較の発達過程について――青年期から老人期に至る実証的知見の展望――　宮城學院女子大學研究論文集，*112*, 1-38.

Tomasello, M.（1993）. On the interpersonal origins of self-concept. In U. Neisser（Ed.）, *The perceived self: Ecological and interpersonal sources of self-knowledge*（pp. 174-184）. Cambridge University Press.

Turner, J. C., Hogg, M. A., Oakes, P. J., Reicher, S. D., & Wetherell, M. S.（1987）. *Rediscovering the social group: A selfcategorization theory*. Oxford & New York: Basil Blackwell.

渡邉卓也（2011）．自己愛人格と主観的幸福感との関連に及ぼす心的表象の影響　立命館人間科学研究，*22*，19-27.

コラム　他者との関係構築は名前を覚えることから

　筆者が学生に話しかけるときに心がけていることがあります。それは，第一声に相手の名前を呼ぶということです。

　「○○さん。この前話していた課題のことだけど〜」などと話しかけるのです。すると学生は，ちょっと驚いたような顔をした後に笑顔で，「先生，私の名前覚えてくれているんですね！」と言うことがあります。筆者が「授業で出欠を取るためにみんなの名前を呼んでいたら覚えてくるよ。それに，私もみんなの名前を早く覚えていきたいと思っているからね」と答えると，学生は「そうなんですね。私の名前，これからも忘れずに覚えておいてくださいね！」と言いました。この出来事を通して，筆者は改めて相手の名前を覚えて呼びかけることの大切さを感じたのです。

　名前というのは，その人を表すものであり世界に1つしかありません。その名前を覚えるということは，相手に関心を寄せている，相手と良好な関係を構築したいという思いを伝えることにつながるのではないかと考えています。先ほどの学生とのやりとりで，学生が「これからも名前を忘れずに覚えておいてほしい」ということを言っていましたが，言い換えれば，それは「私のことをこれからも見ていてほしい，関心を持っていてほしい」ということなのだと思います。

　自分のことに関心を持ってくれている人と，もっと良い関係を作りたいと思うのは人間誰もが持っている欲求です。つまり，相手も自分自身（ここでは筆者）と良い関係を作りたいと思っているのです。名前を覚えて呼びかけることで，相手との良い関係が構築されて，自身の欲求も満たされて楽しく過ごせることを実感しました。

　「ちょっと」「あのさ」「ねえねえ」など，相手を呼ぶ際に使う言葉はたくさんありますが，それらの言葉に名前をプラスするだけで相手に与える印象や構築される人間関係が大きく変わってきます。これからも，「あなたと良い関係を作りたい」「あなたのことをもっと知りたい」という思いを伝えるために，第一声に名前を呼ぶことで，何気ない会話をする関係から，悩み事を相談することのできる関係になることができるのではないかと思います。

　学生が，学生生活を楽しく過ごし，学ぶことのできる環境を創っていきたいと考えています。

（楢林裕子）

第3章

教育と学習
学びはどのように成り立つのか

　子どもは，学校という学びの場で，知識を身につけたり経験を積んだりします。その学びを支えるのが教師の大きな仕事です。子どもでなくても，人は生涯にわたって，さまざまなことを学び続けます。では，そもそも学ぶとはどういうことなのでしょうか。第3章では，学びというものを成り立たせる大きな要素である，学習と記憶のしくみについて解説します。しくみを知ることで，それを助ける方法について考える手掛かりになるでしょう。

3.1　学習理論

　学習とは，経験や訓練を通じて知的，技能的，運動的，社会的に新たな知識や行動の仕方を獲得することです。学習を説明する理論としては，**連合理論**（古典的条件づけまたはレスポンデント条件づけ，道具的条件づけまたはオペラント条件づけ），**認知理論**，**社会的学習理論**，**構成主義の学習理論**があげられます。

●3.1.1● 連合理論

（1）レスポンデント条件づけ

　学習を初めて科学的に分析したのは生理学者の**パブロフ**（Pavlov, I. P.）です。彼は研究のために飼育していたイヌたちが，飼育係の足音を聞いただけでも唾液を垂れ流していることにヒントを得て，**図3-1**のような実験装置を作りました。この装置を使った実験では，ベルの音を鳴らしてイヌにエサを与えていると，やがてイヌはベルの音を聞いただけでも唾液を分泌するようになりました。このように，本来は食欲の刺激と何ら関係のないベルの音（**中性刺激**）とエサ（**無条件刺激**）の対提示を繰り返すことによって，イヌたちがベルの音（**条件刺激**）を聞いただけでも唾液を分泌するようになることを，パブロフは**条件反射**と呼びました。後年，スキナーのオペラント（道具的）条件づけと対比して，**レスポンデント（古典的）条件づけ**と呼ばれるようになりました。

　レスポンデント条件づけによると，特定の対象や場所と，楽しかったあるいは悲しかったという情緒的体験とが結びつくことによって，その対象や場所を好きになったり嫌いになったりすることがあります。例えば，はじめは幼稚園・保育園の登園を渋っていた子どもに，園の先生が満面の笑みで優しく接したり，遊び仲間ができたりすることによって，幼稚園・保育園が快適な場所になり，登園渋

図3-1　レスポンデント条件づけの実験装置（Yerkes & Morgulis, 1909 をもとに作成）

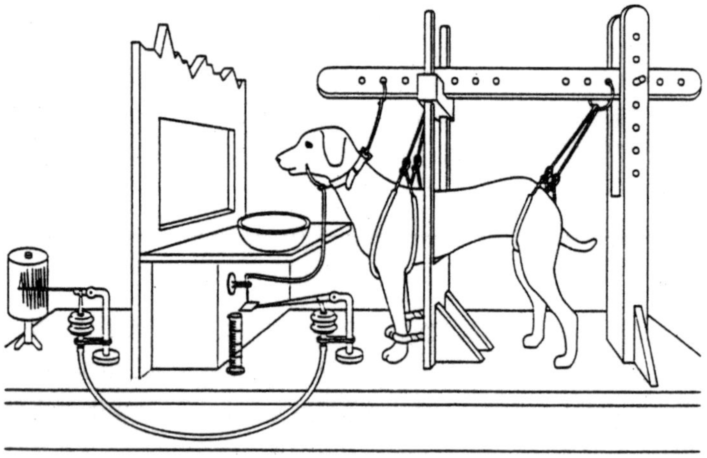

りが解消することもあると考えられます。

（2）オペラント条件づけ

オペラント条件づけに
関係する実験
ソーンダイク（Thorndike,
E. L.）のネコを使った「問
題箱」や，スキナーのネズ
ミやハトを使った「スキ
ナー箱」の実験が有名であ
る。

　オペラント条件づけとは，動物や人間の自発的な行動に対して，報酬や罰等の刺激を与えるあるいは与えないことによって，その行動の生起頻度を増やしたり，減らしたりする手続きのことです。

　スキナー（Skinner, B. F.）が考案した「スキナー箱」（**図 3-2**）には，ネズミがバーを押す（ハトの場合は照明をつつく）とエサが出てくる実験装置が取り付けられています。箱に入れられた動物たちは当初でたらめな行動を繰り返すのですが，やがてバーを押す（あるいは照明をつつく）という道具的行動によってエサ（強化子）を獲得できるようになります。

図 3-2　オペラント条件づけの実験装置

ペレットを入れるタンク
レバー
光刺激
掲示窓
餌受け
（皿）

（3）強化と弱化

　オペラント条件づけは，動物やヒトの行動に対して，何らかの働きかけ，すなわち刺激を与える（「正」と表記）または刺激を除去する（「負」と表記）が行われることと，動物やヒトの行動が変化する，すなわち増加する（「**強化**」と表記）または減少する（「**弱化**」と表記）ことの組み合わせによって，以下のように4つのタイプがあります。

◆正の強化

「刺激を与える」ことによって「ある行動の頻度を増加させる」ことです。例えば，宿題を提出すると，先生が誉め言葉を与え，ノートに花丸を描いてあげることなどが当てはまります。この手続きによって，子どもが宿題の提出を継続することが予想されます。

◆正の弱化

「刺激を与える」ことによって「ある行動の頻度を減少させる」ことです。例えば子どもが授業中に私語をすると先生から叱られる，あるいは先生が厳しい顔つきになることなどが当てはまります。この手続きによって授業中の子どもの私語がなくなることが予想されます。

◆負の強化

「刺激を除く」ことによって「ある行動の頻度を増加させる」ことです。例えば，園バスに乗ると他の子どもからいつも足を蹴られるなどの被害を受けていることが原因で，園を休みがちであった子どもがいるとします。そこで不快な刺激を与えている子どもを咎めて足を蹴る行為を禁止します。この手続きによって被害を受けていた子どもの登園渋りが解消されることが予想されます。

◆負の弱化

「刺激を除く」ことによって「ある行動の頻度を減少させる」ことです。例えば先生の注意や関心を引き出すことを目的として授業中落ち着きのない言動を繰り返す子どもに対して，先生が無表情や無言でやり過ごすことなどがあげられます。この手続きによって子どもの問題行動が減ることが予想されます。

●3.1.2● 認知理論

(1) サイン学習

トールマン（Tolman, E. C.）によると，スキナー箱のなかでラットがレバー押しとエサとの関係を学習したのは，エサ（意味あること）を獲得するために手がかり（サイン）となるレバーを押せばよいという「知識」を学習したからです。初めは互いに無関係であった「レバー押し」と「エサの獲得」が知識としてひとつになるようなことを**サイン学習**といいます（本吉，1967）。

(2) 洞 察

柏木（2012）は幼児（女児）とイヌが同じ環境に置かれたときにどのような行動をするのかについて興味深い例をあげています（**図3-3**）。幼児とイヌの眼前にはそれぞれにとって好物（目標）が置かれているのですが，透明の衝立によっ

図3-3　洞察による問題解決（柏木，2012より）

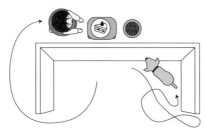

て遮られています。イヌは何度も衝立に近づいては遠ざかるなどの試行錯誤的行動を繰り返しますが，結局目標にたどり着くことはできません。これに対して幼児はしばらくじっとしていますが，やがていったんは目標から遠ざかり，衝立の切れ目を通って（＝手段），目標に到達できました。いわゆる回り道の発見です。幼児は，イヌとは異なり目標だけに集中することなく，自分の置かれている状況をより広い視野で見通し，「こうすれば，こうなる」というようにその場における事物と事物の関係を見直して，目標と手段との関係を**洞察**することによって問題を解決したといえます。

●3.1.3●　社会的学習理論

　私たちは親，教師，同級生，さらには小説，映画などに登場する登場人物をモデルとして，彼らの行動を手がかりにして観察や模倣することを通じて知識やスキル等を学ぶことができます。以上のような学び方を**社会的学習**といい，**観察学習**と**模倣学習**の2つがあります。

（1）観察学習

　バンデューラ（Bandura, A.）は学習者がモデルの行動を**観察**（モデリング）するだけでも，学習が成立することを主張しました。

　バンデューラは観察学習に関して興味深い研究を報告しています（Bandura, 1965）。調査の対象となったのは，幼稚園児です。子どもたちは，大人のモデルが等身大の人形（空気人形）に対して暴力を振るっている場面を動画で観察します。さらに子どもたちは，このモデルの暴力的な行為に対して，「別の大人がモデルを賞賛している」（賞賛群），「別の大人がモデルに罰を与えている」（叱責群），あるいは「引き続きモデルのみ登場する」（統制群）のいずれかの動画をさらに視聴します。動画を視聴した後，子どもたちは同じ人形の置かれた部屋に導かれ，行動が記録されます。その結果，**図3-4**に示すように，3つの条件群を通じていずれも男児のほうが女児よりも暴力的行動が多かったこと，次に，子どもは暴力的なモデルを観察しただけでも，暴力を賞賛されたモデルを観察した子どもと同じくらい暴力的になること，さらに，叱責されたモデルを観察すると暴力が抑えられることがわかりました。

　このように，モデルに与えられた強化が，その場面を観察している子どもの暴力的行動の遂行に影響を与えるようなことを**代理強化**といいます。

<u>テレビでの観賞学習の例</u>
かつて米国と我が国で人気のあったテレビ番組である「名犬ラッシー」の一場面（ラッシーが仔犬の窮地を人間に知らせることによって仔犬が助かる）を子どもたちに視聴させるだけでも，子どもたちの思いやり行動が促されたという報告（Greitemeyer, 2009）があった。さらに，テレビドラマのなかでの暴力が問題となることもある。

図3-4　代理強化の有無と暴力的行動との関係（Bandura, 1965をもとに作成）

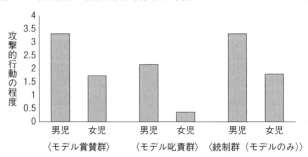

（2）模倣学習

　模倣学習についてはミラーとダラード（Miller & Dollard, 1941）が**動因低減説**によって説明しています。それは，模倣学習においては，動物やヒトがモデルと同じ行動をしたいという欲求があり，さらに模倣したことによって動物やヒトの欲求が解消されたときに学習が成立するということです（春木，1978）。

　模倣学習は，教師が共通の学習目標を設定し，クラスの児童生徒を確実に目標到達に導こうとする意図的な教育場面において活用されています。例えば小学校3年生体育の跳び箱の授業実践においては，跳び箱を上手に跳べる児童の様子を予め動画に収録します。次に，授業において，その動画で，跳び箱を跳ぶためのポイント（足を強く蹴る，遠くに手を伸ばす，腕を曲げずに突っ張るなど）を他の児童が視聴します。その後，実際に跳び箱を跳び，その場で児童一人ひとりが「上手く跳べた」「いいぞ」というような強化を受ける授業を展開して，学習が成立することをめざします。

●3.1.4●　構成主義の学習理論

　構成主義の学習理論では，学習者が主体的に知識を構成していく過程を通じて学習が成立するという立場を重視します。中村（2007）によると，構成主義の学習理論は**心理学的構成主義**と**社会的構成主義**とに大別され，さらに社会的構成主義は**社会文化的アプローチ**と**社会集団的アプローチ**（**状況的学習理論**）とに分けることができます。

（1）心理学的構成主義

　ピアジェ（Piaget, J.）に基づくと，人の学びは，初めて触れた・見たというような場合に生じる驚きや知的好奇心が促されることによって，人が能動的に対象に関わるときに成立します。学習は個人のなかで成立するのであり，他者や社会の役割は，人が得た知識やスキルを整理し，能率的にする程度に留まり限られています。このような考え方を**心理学的構成主義**といいます。

　人が学ぶ際に役割を果たすのが**シェマ**です。シェマとは外界を認知する枠組みであり，外界に働きかける様式のことです（山岸，2007）。さらにシェマには，学習するときに既存のシェマを使用する「**同化**」と既存のシェマを変化させて使用する「**調節**」があります。

　同化と調節を繰り返すことにより，シェマはさらに広い外界をとらえることができるようになり，より高度なものに移行します（**均衡化**）。ピアジェによると認知は，シェマの働きが実際の行動や感覚を拠り所とする**感覚運動期**から，実物がなくてもイメージや言葉を活用してできるようになる**前操作期**，見かけや自己中心的な主観に左右されることなく論理的操作が可能となる**具体的操作期**，そして，記号やシンボルを通じて論理的に思考する**形式的操作期**へと変化します。

（2）社会的構成主義
◆社会文化的アプローチ

　学習は，個人内で生じた疑問や葛藤などの認知的不協和が出発点となって個人的に進めるだけのものではなく，文化的に価値ある目標やレベルに導いてくれる大人や仲間などとの関わりのなかで社会において必要とされる知識やスキルを獲

図3-5 ヴィゴツキーの発達の最近接領域（Sanrock, 2011 をもとに作成）

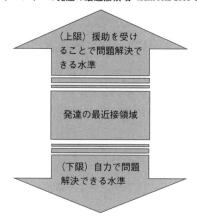

得していく過程でもあります。このような立場を**社会文化的アプローチ**と呼び，代表的な研究者として**ヴィゴツキー**（Vygotsky, L. S.）が挙げられます。

　ヴィゴツキーは，人の発達には2つの水準があることを想定しています（**図3-5**）。それは「すでに到達している（自力での問題解決が可能な）水準」と「発達しつつある（教師からのヒント，子ども同士の教え合いや誘導的な質問，補助，共同，観察，模倣等によって問題解決を可能とする）水準」です。そして彼は，2つの間の領域を「**発達の最近接領域**（ZPD: zone of proximal development）」と呼びました。ヴィゴツキーは，教育の役割とは，知識やスキルの獲得にとって効果的な手がかりを適切に提供して支援することによって，発達の最近接領域に働きかけ，子どもの発達を進めることであると考えました。

◆社会集団的アプローチ（状況的学習理論）

　学習には，職場等の人と人が関わる社会的状況において語り継がれ，組み込まれているものに触れることによって学びが成立するものもあります。例えば，和食の料理人の世界では，新人（弟子）たちはいきなり調理を任されることはほとんどありません。調理場の清掃，食器洗いや片づけといった業務を担うことに始まり，しばらくして食材の洗浄，食材を切る，食材の形を整える等の下ごしらえを任され，やがて勤めてから数年間を経て，ようやく調理を任されて一人前として育っていきます（フードラボ，2023）。このように，弟子である「未熟な周辺参加者」が調理長（親方）等の技を観察することを通じて「熟練した十全参加者」になる過程を**正統的周辺参加**といいます。

　社会集団的アプローチは，個人と共同体が相互に関わりあって共に発展する可能性があることを提唱している点で興味深い学習理論と言えます。

正統的周辺参加を助ける事例
フードラボ（2023）によると，近年，長く辛い修業に耐えることができず，中途で料理人になることを断念してしまいがちな若者の気質に応じるために，人間関係の葛藤に配慮したり，明瞭な調理マニュアルを用意したりして，弟子たちが安心して見通しを持って修業に取り組めるようにしている料亭も見受けられるようになったそうである。

3.2　記憶と認知

●3.2.1● 記憶のしくみ

　記憶とは「情報や過去の経験を保持し利用する能力」（中山，2022）のことです。

心理学では，コンピューターにたとえることにより人間の記憶の仕組みを理解しようとする試みが行われています。ここでは「**記憶の二重貯蔵モデル**」（Atkinson & Shiffrin, 1968）を紹介します（**図3-6**）。

例えば，1週間後にあなたの学校で試験が予定されており，あなたには「試験でよい点数を取りたい」という目標・要求があるとしましょう。するとあなたは出題される事柄に注目したり，記憶するために**リハーサル**を活用することに決めて，覚えようとしたり，新しい情報とこれまで自分が記憶した内容とを関連づけようとしたりするはずです。このような意志の働きを記憶に関する**制御過程**といいます。

図3-6　記憶の二重貯蔵モデル（Atkinson & Shiffrin, 1968; 神田，2011をもとに作成）

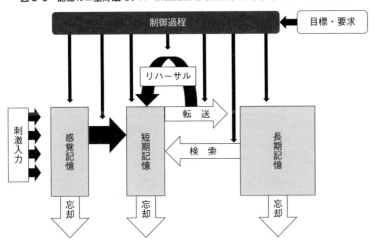

（1）感覚記憶と短期記憶

私たちは視覚，聴覚等の五感を通じておびただしい情報を**感覚記憶**において感知しています。そして特に注意を向けた情報のみが次の**短期記憶**に送られます。多くの情報のなかから特定の情報を選び出すことを**選択的注意**と言います。例えば，お互い離れた位置にいるにもかかわらず，自動車の往来の激しい道路傍や雑踏のなかでお互いの声を聞き取ることができるのは選択的注意の働きによるものです。

私たちが短期記憶に送られてきた情報を何ら処理することがなければ，10秒ほどで忘れられてしまいます。そこで，その情報を忘れないようにするためにリハーサル（復唱）を使用することがあります。リハーサルには，電話をかけるときや接客時に客の注文を調理場に伝えるような場合に，とりあえず番号や料理の名を単に繰り返す**維持リハーサル**があります。さらに長期記憶に送り貯蔵するうえでより効果的な**精緻化リハーサル**（例えば，英単語の "affection"（愛情）を「あっふぇくしょん，だいじょうぶかい　と　愛情のある声」と当て字をして覚える）があります。

（2）長期記憶

短期記憶から転送されてきた情報が蓄えられるのが**長期記憶**です。長期記憶に蓄えられる情報の容量には限界がありません。長期記憶に貯蔵されている記憶は，

その記憶されている内容の性質に応じて区別されています（**図3-7**）。まず，宣言的記憶と手続き的記憶に分けることができます。

宣言的記憶は主に言語によって意味づけられており，思い出すことができる情報や経験についての記憶です。宣言的記憶は**意味記憶**と**エピソード記憶**に区別されています。意味記憶とは，例えば「日本の首都は東京である」など比較的多くの人々の間で共有されている知識や概念についての記憶です。エピソード記憶とは，例えば「昨日は家族で水族館に行った」などの個人の経験や出来事についての記憶です。

手続き的記憶とは，例えば「一輪車の乗り方」などの身体感覚，運動，動作等に関する記憶であり，その内容を言語に置き換えることが比較的困難なものもあれば，外国語のスペル，レポートや行動計画書の書き方といった言語的な作業も含まれています。

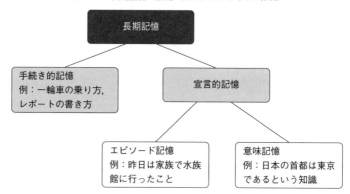

図 3-7　長期記憶の区分（神田，2011 をもとに作成）

●3.2.2● 作業記憶

他の人の話を聞いたり，書物を読んで内容を理解したりするためには，時間的順序に従って聴覚的または視覚的に与えられる言語的情報に注意を向け，前に与えられた情報を保持しながら，その後に続く情報との間をつなげたり，ときには長期記憶に貯蔵している情報を想い出して関連づけたりすることが大切です。以上のように，短期記憶と心的な操作をコントロール（**図3-6**の制御過程に該当）する２つの機能を兼ね備えた記憶を**作業記憶**（**ワーキングメモリー**）と呼び，認知機能において大きな役割を演じています。

作業記憶は，課題の困難さや情緒や気分といった感情の影響によって働きが良くなったり悪くなったりします（Garrison & Schmeichel, 2018）。例えば，心が晴れない，心がふさいでいるなどの病的な状態であるとともに課題が困難であるほど作業記憶の働きは悪くなることが報告されています（Joormann et al., 2011）。また，子どもの生活習慣も作業記憶の働きと関係しています。例えば，ケーレンら（Kören et al., 2015）は，就寝時間になって容易に入眠できるなどといった睡眠の質が良いこと，適度な睡眠時間（自分の所属する学年に当たる平均的睡眠時間）を取っていることは，作業記憶の働きを促すことを示唆しています。さらに教師も重要な役割を担っています。例えば，授業において児童生徒が黒板の板書を写している最中に，教師が解説を行うことは，児童生徒にとっては「黒板を写

す作業」と「教師の説明を聴く」という複数の課題にとりくむことになるために，いずれの作業も疎かになって学習内容の理解が進まない可能性が高くなります。そこで，児童生徒が黒板の板書を写し終わった後に教師が解説をするなど，児童生徒の作業記憶に配慮して授業をする必要があります。

●3.2.3● メタ認知

　私たちが学習内容を深く理解し，正確に記憶し，さらに創造的な成果につなげるためにも**メタ認知**は必要です。

（1）メタ認知的活動
　例えば，説明文を読んで，重要なところにマーカーを引いたり，意味不明の語句を発見して辞書でその意味を調べたり，また，テストなどで直接辞書で調べることができないときには前後の言葉のつながりからその語句の意味を推測したりするなどの活動を，**メタ認知的モニタリング**といいます。そして，作成したレポートをもう一度見直して，読み手によりよく理解してもらうために，文章を書き直し，新たに図表を付け加えるなどの活動を**メタ認知的コントロール**といいます。これら2つの活動を含めて**メタ認知的活動**といいます。

（2）メタ認知的知識
　さらには，子どもの認知の特性，課題，方略等の認知に関わる知識（**メタ認知的知識**）も重要です。例えば，幼児期や児童前期の子ども向けの映画や読み物を作成するときには，内田（1989）が指摘するように，時制の逆転（カットバック）技法（今の状態を初めに描写して，なぜそのような結果になったのかを後で示す）という描き方，さらには，複数の登場人物のエピソードを時間的な流れに沿って交互に描写してストーリー全体を完成させるといった描き方は，子ども側から見ると理解が困難ですので注意が必要です。私たちがこのようなメタ認知的知識を備えていることで，子どもにとって有益で教育的に価値の高い作品を創作できると言えます。

メタ認知
自分や他者の認知について冷静で客観的な判断をすること（三宮，2023）。また，「メタ」には「高次の」という意味があるために「自分を監視するもう一人の自分」と表現されることもある（山口，2020）。

WORK

！ 考えを深めるために
　正の強化，正の弱化，負の強化，負の弱化の事例をそれぞれ考えてください。

引用・参考文献

Atkinson, R. C., & Shiffrin, R. M.（1968）. Human memory: A proposed system and its control processes. In K. W. Spence & J. T. Spence（Eds.）, *The psychology of learning and motivation: Advances in research and theory*. Vol. 2（pp. 89-195）. New York: Academic Press.

Bandura, A.（1965）. Influence of model reinforcement contingencies on the acquisition of imitative responses. *Journal of Personality and Social Psychology*, *1*, 589-595.

フードラボ Food Labo（2023）. 料理人の修業は本当に必要か？──変わりつつある飲食産業── https://food-labo.com/column/tenshoku/manual（参照日：2023.7.2）

Garrison, K. E., & Schmeichel, B. J.（2018）. Effects of emotional content on working memory. *Cognition and Emotion*. https://doi.org./10.1080/02699931.2018.1438989.

Greitemeyer, T.（2009）. Effects of songs with prosocial lyrics on prosocial thoughts, affect, and behavior. *Journal of Experimental Social Psychology, 45*, 186-190.

春木　豊（1978）. 社会的学習の概念　心理学評論, *21*, 191-196.

Joormann, J., Levens, S. M., & Gotlib, I. H.（2011）. Stricky thoughts: Depression and rumination are associated with difficulties manipulating emotional material in working memory. *Psychological Science, 22*, 979-983.

神田義浩（2011）. 知覚と記憶　増田公男（編著）発達と教育の心理学——子どもからおとなへの発達支援のために——（pp. 40-57）　あいり出版

柏木惠子（2012）. 子どもも育つおとなも育つ発達の心理学　萌林書房

Kören, T., Dirk, J., & Schmiedek, F.（2015）. Cognitive benefits of last night's sleep behavior are related to working memory fluctuations. *Journal of Child Psychology and Psychiatry, 56*, 171-182.

Miller, N. E., & Dollard, J.（1941）. *Learning and imitation*. New Heaven: Yale University Press.

本吉良治（1967）. 学習と記憶——強化——　八木　冕（編）心理学 I （pp. 217-230）　培風館

中村恵子（2007）. 構成主義における学びの理論——心理学的構成主義と社会的構成主義を比較して——　新潟青陵大学紀要, *7*, 167-176.

中山留美子（2022）. ものを覚える——記憶とは——　中谷素之・中山留美子・町　岳（著）エピソードに学ぶ教育心理学（pp. 73-84）　有斐閣

三宮真智子（2022）. メタ認知　中央公論新社

Sanrock, J. W.（2011）. *Educational psychology*（5th ed.）. New York: The McGraw-Hill.

内田伸子（1989）. 幼児心理学への招待　サイエンス社

山岸明子（2009）. 発達をうながす教育心理学——大人はどうかかわったらいいのか——　新曜社

山口　剛（2020）. 知識の獲得　榎本淳子・藤澤　文（編）エビデンスベースの教育心理学——心身の発達と学習の過程——（pp. 131-149）　ナカニシヤ出版

Yerkes, R. M., & Morgulis, S.（1909）. The method of Pawlow in animal psychology. *Psychological Bulletin, 6*(8), 257-273.

コラム　あなたならできる

　教師をめざすにあたって，乗り越えなければならない試練はいくつもあるでしょう。例えば，教育実習は，教師になるための大事な勉強の機会ですが，今から不安な人もいるかもしれません。今のあなたは教育実習をどのくらいうまくやり遂げられると感じますか？

　ある結果につながる行動をどの程度うまく遂行できるかについての個人の認知を自己効力感（第4章参照）といいます。自己効力感を高く認知する人は，未経験の新しい状況でも適応的にふるまえると期待し，積極的に課題に取り組むと考えられています。ここでは，日常場面における一般的な行動に影響するといわれる特性的自己効力感尺度（成田・下仲・中里・河合・佐藤・長田，1995）を紹介します。どれくらいあてはまるかを回答してみてください。

表1　特性的自己効力感尺度（成田・下仲・中里・河合・佐藤・長田，1995より）

		そう思う	まあそう思う	どちらともいえない	あまりそう思わない	そう思わない
	1　自分が立てた計画は，うまくできる自信がある	5	4	3	2	1
＊	2　しなければならないことがあっても，なかなか取りかからない	5	4	3	2	1
	3　初めはうまくいかない仕事でも，できるまでやり続ける	5	4	3	2	1
＊	4　新しい友達を作るのが苦手だ	5	4	3	2	1
＊	5　重要な目標を決めても，めったに成功しない	5	4	3	2	1
＊	6　何かを終える前にあきらめてしまう	5	4	3	2	1
	7　会いたい人を見かけたら，向こうから来るのを待たないでその人の所へ行く	5	4	3	2	1
＊	8　困難に出会うのを避ける	5	4	3	2	1
＊	9　非常にややこしく見えることには，手を出そうとは思わない	5	4	3	2	1
＊	10　友達になりたい人でも，友達になるのが大変ならばすぐに止めてしまう	5	4	3	2	1
	11　面白くないことをする時でも，それが終わるまでがんばる	5	4	3	2	1
	12　何かをしようと思ったら，すぐにとりかかる	5	4	3	2	1
＊	13　新しいことを始めようと決めても，出だしでつまずくとすぐにあきらめてしまう	5	4	3	2	1
	14　最初は友達になる気がしない人でも，すぐにあきらめないで友達になろうとする	5	4	3	2	1
＊	15　思いがけない問題が起こった時，それをうまく処理できない	5	4	3	2	1
＊	16　難しそうなことは，新たに学ぼうとは思わない	5	4	3	2	1
	17　失敗すると，一生懸命やろうと思う	5	4	3	2	1
＊	18　人の集まりの中では，うまく振る舞えない	5	4	3	2	1
＊	19　何かしようとする時，自分にそれができるかどうか不安になる	5	4	3	2	1
	20　人に頼らない方だ	5	4	3	2	1
	21　私は自分から友達を作るのがうまい	5	4	3	2	1
＊	22　すぐにあきらめてしまう	5	4	3	2	1
＊	23　人生で起きる問題の多くは処理できるとは思わない	5	4	3	2	1

　回答が終わったら，選んだ数字をすべて足します。ただし，＊がついている項目は逆転項目のため，5→1，4→2，3→3，2→4，1→5に置き換えて集計します。右の表を参考に，あなたの自己効力感の程度を確認してみましょう。

　自己効力感は，過去の成功経験や他者からの働きかけにより高まるといわれています。例えば，実際に教師として子どもと関わるなかでうまくいった経験や，「大丈夫，できているよ」と誰かに励ましてもらった経験などが，「私は教師としてやっていける」という確信につながると考えられます。大事だとわかっていても自信が持てないと「やりたくない」気持ちが強くなりがちですが，ひとまずやってみることが自信をつける近道であるともいえます。

（栗川直子）

表2　年齢別の平均得点
（清水，2001より）

年齢群	男性	女性
13～17	74.08	73.55
18～24	73.66	76.42
25～34	80.43	74.18
35～44	80.35	75.33
45～54	80.03	76.87
55～64	81.52	76.53
65～74	77.30	75.68
75歳以上	71.86	72.37
全体	77.93	75.31

■引用文献
成田健一・下仲順子・中里克治・河合千恵子・佐藤眞一・長田由紀子（1995）．特性的自己効力感尺度の検討——生涯発達的利用の可能性を探る——　教育心理学研究，43, 306-314.
清水裕（2001）．特性的自己効力感尺度．堀洋道監修・山本眞理子編　心理測定尺度集Ⅰ——人間の内面を探る〈自己・個人内過程〉——　サイエンス社

第4章

学習意欲と動機づけ
やる気をだすには

　みなさんの小学生時代や中学生時代を思い出してください。あなたは，自ら進んで勉強するタイプでしたか，それとも自ら進んで勉強することは苦手で，どちらかというと勉強を先延ばしにしてしまうタイプだったでしょうか。

　学校には勉強が得意な子どもがいますが，不得意な子どももいます。英語が得意な子どももいれば数学が得意な子どももいます。逆に英語や数学が不得意な子どももいます。人から言われなくても自分から進んで勉強する子どももいる一方で，なかなか自分で勉強できない，勉強しようとしない子どもがいるのも事実です。宿題や課題，試験勉強などに進んで取り組む子どももいますが，取り組むべき宿題や課題，試験勉強などになかなか取りかかることができず，先延ばしにしてしまい，課題の提出が遅れたり，不十分な内容のままで間に合わせ的に提出する子どももいます。どうして，このような違いが出てくるのでしょうか。

　このような違いを説明する場合に学習意欲が高いとか低いとか，やる気が高い，低いなどの表現が使用されることがよくあります。あるいは，モチベーションが高い，低いという表現もよく使用されます。モチベーションとは心理学では動機づけと呼ばれています。学習意欲，やる気と動機づけとは同じ意味なのでしょうか。それとも違いがあるのでしょうか。また動機と動機づけとの間に相違はあるのでしょうか。みなさんは，これらのことについて考えたことがありますか。

　第4章では，動機づけとは何かについて取り上げます。そして学習に対する動機づけのさまざまな理論を紹介しながら，実際にやる気をだすにはどのような方法があるのか，子どもたちの学習意欲に影響を及ぼす要因などについて考察していきます。

4.1　動機づけとは何か

●4.1.1●　動機づけの定義

　私たち人間は，毎日さまざまな行動をしています。食事をする，勉強をする，仕事をする，スポーツをする，ゲームをする，動画を観る，遊びに行く，買い物へ行くなど数えあげたらきりがありません。では，その一つひとつの行動に私たちは自ら主体的に取り組んでいるのでしょうか。遊びは好きだけど勉強はどうも気が進まないという場合もあるでしょう。学校へ行くという行動ひとつをとってみても，毎日登校することを楽しみにしている人もいれば，学校へ行くのが苦痛であるという人もいるに違いありません。意欲的に行動する場合もあれば，いやいやながら行動する場合もあるわけで，その動機の程度や種類はさまざまです。

　人が行動する場合には，何らかの内的あるいは外的な原因があります。その原因となるものが，私たちに行動を生じさせ，そしてその行動を維持し，一定の方向へと導いていくわけです。このように，ある目標に向かって行動を喚起し，維持させ，さらにその行動を方向づけ，目標を達成させるまでの一連の過程を**動機づけ**（motivation）といいます。

●4.1.2● 動機づけの特徴

　動機づけの特徴として，強さ，方向性，長さを持っていることが挙げられます。強さとは動機づけ自体の強さ（強弱）を表します。学習に対する動機づけを例にとっても，その強さは人によって異なりますし，また同一人物であっても教科によって違いがあることは明らかです。方向性とは，どの方向に動機づけられているかということを表します。賞や報酬などの正の目標に向かうのか，叱責や罰などの負の目標を回避する目標に向かうのかということを示します。長さは，動機づけが続く時間や期間を表します。長期間続くものもあれば，短時間で終了するものもあるでしょう。

●4.1.3● 動機づけとやる気との関係

　動機づけは，やる気と同じ意味で使用されることが多いのですが，必ずしも同一であるとは言えません。やる気は「動機」に当たるもので，動機づけの一部とみなされます（Reeve, 2014）。動機は，動機づけプロセスのきっかけに当たるものといえます。動機づけは行動が開始され，それを維持し目標を達成するまでの一連の過程（プロセス）のことを指す用語なのです（**図4-1**）。

図4-1　動機づけのプロセス

4.2　学習に対する動機づけ

●4.2.1● 外発的動機づけ

　なかなか勉強しようとしない子どもに「今度の試験の成績が良かったら，お前のほしい物を買ってあげよう。でも前回の試験よりも成績が悪かったら，お小遣いを減額するよ」などと言って勉強させようとする親がいます。子どもは，ほしいものを手に入れるため，あるいはお小遣いの減額を避けるために良い成績をとろうとやる気を出すでしょう。この場合，ほしいものを手に入れること，またはお小遣いの減額を避けることが目標で，勉強するという行動は，ほしいものを手に入れたり，お小遣いの減額を避けるための手段となっています。このように別の目標のために行動が実行され，行動が目標を得るための手段となっているような動機づけを**外発的動機づけ**といいます。

　外発的動機づけでは，賞や罰を利用したり，競争心に訴えるなどして，やる気

を高めさせます。これは，人は自ら進んで活動しようとしない怠け者であるというとらえ方が前提となっています。このような考えのことを**動因低減説**といいます。

動因低減説
動因低減説では，人は不自由で不快な緊張状態が続くとそれを解消しようとして行動を起こすものであり，すべての動因が満たされている状態では積極的に活動しようとしない怠惰な存在であると考える。

●4.2.2● 内発的動機づけ

人が行動するのは外発的に動機づけられる場合だけではありません。勉強に対して「面白そうだな」と興味や関心を持ち，人から言われなくても「自分で調べてみたいな，学んでみたいな」という気持ちになって，勉強に夢中に取り組む人もいます。歴史に興味がある子どもは，教師や親に言われなくても図書館やネット等で歴史に関する情報を集めて夢中で読むでしょうし，数学に興味のある子どもは問題を解くことに快感を感じるでしょう。この場合，勉強するという行動は，自発的に引き起こされ，その活動自体が目標となっています。このように，外的に与えられる賞や罰を必要とすることなく，行動の実行それ自体が目標となっているような動機づけを**内発的動機づけ**といいます。興味ある対象を深く調べていく作業というものは本来，楽しいものなのです。

（1）コンピテンス

内発的動機づけの考え方の原点のひとつに**コンピテンス**（興味，好奇心）という概念があります。**ホワイト**（White, 1959）は動因低減説を否定し，生活体は本来活動的で，環境との相互交渉を積極的に行い，有能さ（competence）を獲得したい内的な欲求によって動機づけられる能動的な存在であることを主張しました。内発的動機づけの中心は**知的好奇心**です。これは，人は賞罰や競争などによって外から強制されなくても未知なものを調べたい，情報を得たいという欲求があり，積極的に知識を吸収しようとする存在であることを示しています。

知的好奇心
知的好奇心は，ある人が持っている認知的枠組みや知識と，外部から与えられる情報との間に，適度なずれ，不一致，矛盾などが生じたときに引き起こされると言われている。

（2）アンダーマイニング現象

内発的動機づけに関して興味深い研究があります。**デシ**（Deci, 1971）は大学生を2つのグループに分けて，それぞれパズルをやってもらうという実験を行いました。ひとつのグループは課題のパズルが1つできるたびに1ドルを与えられる条件で，もうひとつのグループはパズルができても何ももらえない条件でした。30分ほど課題を行ってもらったのち，実験者は部屋を出て8分ほど中座します。実はこの中座している間に学生が何をするのかを観察するのが，この実験の本当の目的でした。

その結果，実験の前半で1つできるたびに1ドルもらっていた学生は，実験者がいなくなるとパズル課題に対するやる気をなくし，パズルをやめ雑誌などを読んだりする時間が多くなりました。一方，報酬を与えられなかったグループの学生は，やる気を失うことなくパズル課題に継続して取り組んでいました。この研究結果により，内発的動機づけによって生じた行動に物質的報酬などの外的強化が伴うと，内発的動機づけが低下してしまうことが明らかとなりました。これを**アンダーマイニング現象**といいます。

●4.2.3● 自己決定理論

　内発的動機づけ，外発的動機づけという区分で進められてきた動機づけ研究は，そこからさらに動機づけを詳細に分ける方向に発展してきました。欲求論的アプローチに基づいて研究を行ったデシとライアン（Deci & Ryan, 2002）は，自己決定性を重視した**自己決定理論**をまとめました。彼らは，有能さへの欲求，関係性への欲求，自律性への欲求の3つが満たされるような条件のもとで人は意欲的になり，パーソナリティが統合的に発達すると主張しています（Ryan & Deci, 2000）。したがって，能力を高めて有能になりたい，他者と協働していきたい，自分のことは自分で選択や判断を行いたいという欲求が満たされるような学習の環境を整えてあげることが望まれます。

　しかしながら，人ははじめから何でも自己決定しているわけではありません。自己決定は他者から行動を強制される他律的な状態から，自ら進んで決定し行動する自律的な状態へと変化する場合もあります。自己決定理論は，他律から自律へと変化していく自己の変化を段階的にとらえたものと考えられます。その段階というのは，「やらない」という「非動機づけ」段階，まったく自己決定がなされておらず「やらされている」という「外的調整」段階，「不安だから勉強する」というように自分の価値を保つために行う「取り入れ的調整」段階，「～でありたい」というように自分にとって重要だと思うから行う「同一化的調整」段階，「～をしたい」という自分の価値観が他の価値や要求と完全に一致して行う「統合的調整」段階，そして最終的に内発的に動機づけられた「内的調整」段階となります（**表4-1**）。

表4-1　自己決定性と動機づけの段階（Ryan & Deci, 2000 より）

非自己決定的					自己決定的
非動機づけ		外発的動機づけ			内発的動機づけ
非調整	外的調整	取り入れ的調整	同一化的調整	統合的調整	内的調整

4.3　やる気をだすには──学習意欲に影響を及ぼす要因

●4.3.1● 自己効力感

　合格の可能性が50％といわれた第一志望の高校に合格することを目標にして勉強に取り組んだ結果，実際に第一志望の高校に合格することができた生徒がいました。この生徒は目標達成のために，やる気を出して頑張り続けたに違いありません。50％の合格可能性であっても諦めずに頑張れたのはなぜでしょうか。ひとつには第一志望の高校に合格するという大きな目標があったからでしょう。しかし，目標を持っているだけでは簡単に達成することはできません。目標を持つと同時に，この生徒は「自分はできる。自分なら合格できるはずだ」と自分の能力に自信があったからこそ実現できたのではないでしょうか。「高校入試までに，これだけの勉強や準備をすれば合格できるはずだ」という期待（**結果期待**）と，「そのような勉強や準備を自分は実行できるはずだ」という期待（**効力期待**）によって，やる気が高まり頑張れたのでしょう。バンデューラ（Bandura, 1977）は，

この結果期待と効力期待を区別し，ある行動を自分は遂行可能であるという効力期待のことを**自己効力感**（self-efficacy）と呼びました。

●4.3.2● 学習性無力感

　自己効力感を持って頑張った結果，成功したり成績が上がったりするとやる気は高まりますが，どんなに頑張っても失敗したり成績が上がらなかったりといった，どうしようもない状況を経験すると，「何をやっても自分はだめだ」ということを学習して無気力になることがあります。一度，このようなことを経験すると，その後，失敗を回避できるような条件に変えても，「どうせ自分にはできない，自分はだめだ」ということを学習したために，実際にはできることもできなくなってしまうのです。

　セリグマン（Seligman, 1975）は，犬を用いた実験で，逃れられない電気ショックを前もって繰り返し与えられていた犬が，後に容易に逃れることができる状況に置かれても，電気ショックから逃れようとせず，じっと座り込んでショックを受け続けるという現象を発見しました。この現象についてセリグマンは**学習性無力感**（learned helplessness）と呼びました。

●4.3.3● 自己調整学習

　やる気を持って自ら主体的に学習に取り組むためには，自分自身の学習活動を自ら調整していく**自己調整学習**（self-regulated learning）が必要であると指摘されています。伊藤（2010）は，自己調整学習を「学習者がメタ認知，動機づけ，行動において自分自身の学習過程に能動的に関与していること」と定義しています。つまり，メタ認知，動機づけ，行動の3つの側面で自己調整機能を働かせながら，学習者自身が自主的・自律的に進めていく学習ということになります。学習行為をモニターし，調整や修正のためのプランニングを行い，そして実際に行動を実行したりして，調整や修正を行いながら，学習活動を維持させていくことが主体的な学習にとって重要なことであるといえるでしょう。

●4.3.4● 達成目標

　ドゥエック（Dweck, 1986）は，ある課題を達成しようとするとき，達成目標として2つの種類があると考えました。ひとつは**パフォーマンス・ゴール**（**遂行目標**），もうひとつは**ラーニング・ゴール**（**学習目標**）です。

　パフォーマンス・ゴールは自分の能力に関して，人から有能だと認められたい，あるいは無能だという評価を避けたいということに焦点を当てた目標です。たとえば，ある課題で能力への好ましい評価を得ると，それは自分が有能だということを認められたことになるので有能感が高まり，やる気がますます高まることになります。しかし，ある課題で失敗し能力を低く評価されると，自分は無能だという認知をもたらすために，意欲をなくし無気力に陥ってしまうことにつながります。したがって，他者からのより肯定的な評価を求めたり，自分の有能さを他人に示すことが目標となります。

　ラーニング・ゴールは現在の自分の能力を少しでも高めよう，何かに熟達しよ

うということに焦点を当てた目標です。学習することによって新たに知識を得たり，スキルを向上させたりすることによって自分の有能さを高めていくことに意義を感じる目標ともいえます。したがって，周囲の評価などに惑わされたりすることはなく，たとえ失敗しても無気力に陥る可能性も低くなります。ここでは，失敗は成功への手がかりを示すものにすぎず，失敗での反省をもとに新たに挑戦を求めて努力を続けることになります。

●4.3.5● マインドセット理論

　ドゥエックの達成目標理論を規定する要因として，**マインドセット（知能観**と**もよばれる**）を想定していることが挙げられます。マインドセットとは自分の能力を固定的なものか増大可能な変動的なものととらえるかについての概念です。知能はひとつの実体で固定的なものであるととらえるのが**固定的マインドセット（固定的知能観）**，知能は柔軟であり努力次第で向上させることができるととらえるのは**増大的マインドセット（増大的知能観）**と呼ばれています（**表4-2**）。

　固定的マインドセットの傾向が高い人と，増大的マインドセットの傾向が高い人とでは，あらゆる出来事や物事に対してのとらえ方，感じ方，考え方が異なってきます。ドゥエック（Dweck, 2006）の研究では，増大的マインドセットの傾向が高い人は，失敗に対して柔軟であり，困難の後でも学習意欲が維持され学業成績が良好であることが示唆されています。「知能は努力によって向上させることが可能である」ととらえる増大的な知能観を持つことがやる気にも影響を与え，実際に人の能力を向上させることに結びついているといえるでしょう。

　こういった観点から，教育実践の現場において子どもたちのマインドセット（知能観）を変容させる教育プログラムの効果を検証する研究も行われています（Dweck & Masters, 2008）。

知能観を変容させる教育プログラム
視聴覚教材などを用いて増大的知能観について教授することにより，子どもの知能観を変容させることを目的としたプログラムなどが実践されている。

表4-2　マインドセット（知能観）（Dweck & Masters, 2008 をもとに作成）

	固定的知能観	増大的知能観
定義	知能は固定的なものである	知能は柔軟なものである
生徒の目標	勉強を捨てても，見た目を賢くみせること	困難でリスクがあっても，新しいことを学習すること
学習の基となるのは？	生来の能力	努力と学習方略
成功とは？	他者より賢くあること	向上と習得
失敗とは？	知能が低いということ	必要な努力をせず，学習方略が優れていなかったこと
努力とは？	知能が低いことを示す	知能を活性化し，知能を用いること

4.4　おわりに

　学ぶことは苦痛なことばかりではありません。「学ぶ喜び」を感じることも可能です。わからないことがわかるようになる，知らないことを知ることができる，疑問に思うことなどを調べたり研究したりすることによって謎を明らかにしていくことができる。このようなことは大きな喜びであり，人間だからこそ実感できるものでしょう。将来，人工知能 AI がどれほど進化していっても，AI は学習の

プロセスを楽しんだり喜んだりすることはできません。「学ぶことは楽しい」という感情は人間だけのものです。私たちは，「学ぶ喜び」をこれからも実感し続けていきたいものです。

━━━━━━━━━━━━━━━━━━━━━━━━━━ WORK

■ **考えを深めるために**

①学習意欲が低く，勉強や課題になかなか取り組まない児童・生徒の学習意欲を高めるには，どうすれば良いと思いますか。さまざまな方法が考えられると思います。1）教師の立場と 2）保護者のそれぞれの立場から，あなたの考えを書いてください。

②教師が児童生徒の学習意欲を喚起するような授業を展開するためには，具体的にどのような工夫や配慮を行う必要があると思いますか。あなたの考えを書いて下さい。

引用・参考文献

Bandura, A.（1977）. Self-efficacy: Toward a unifying theory of behavior change. *Psychological Review, 84*, 191-215.

Deci, E. L.（1971）. The effects of externally mediated rewards on extrinsic motivation. *Journal of Personality and Social Psychology, 18*, 105-115.

Deci, E. L., & Ryan, R. M.（2002）. *Handbook of self-determination research*. Rochester, NY: The University of Rochester Press.

Dweck, C. S.（1986）. Motivation processes affecting learning. *American Psycholpgist, 41*, 1040-1048.

Dweck, C. S.（2006）. *Mindset: The new psychology of success*. New York: Random House.（今西康子 訳（2016）. マインドセット「やればできる」の研究　草思社）

Dweck, C. S., & Masters, A.（2008）. Self-theories motivates self-regulated learning. In D. H. Schunk, & B. J. Zimmerman（Eds.）, *Motivation and self-regulated learning: Theory, research. and applications*. Lawrence Erlbaum Associates Publishers.（塚野州一（編訳）（2009）. 自己調整学習と動機づけ　北大路書房）

伊藤崇達（編著）（2010）. やる気を育む心理学（改訂版）　北樹出版

Reeve, J.（2014）. *Understanding motivation and emotion*. Wiley.

Ryan, R. M., & Deci, E. L.（2000）. Self-Determination theory and the facilitation of intrinsic mitivation, social development, and well-being. *American Psychologist, 55*, 68-78.

Seligman, M. E. P.（1975）. *Helplessness: On depression, development and death*. San Francisco: W. H. Freeman（平井　久・木村駿一（監訳）（1985）. うつ病の心理学　誠信書房）

White, R. W.（1959）. Motivation reconsidered: The concept of competence. *Psychological Review, 66*, 297-333.

コラム　仲間との学び合い

　どんな職業についても，職場のなかで数多くのことを学び，成長していきます。保育職も例外ではなく，子どもや同僚や保護者をはじめ，さまざまな人々と関わりながら，さまざまなことを学び，保育者として成長していきます。この保育者の成長には，振り返ることが大切だとされています。倉橋惣三『育ての心』に記してあるように，保育後の振り返りでは，保育中には夢中でわからなかったその子の内面や，出来事の意味，自分の援助配慮をとらえ直すことになり，保育者の日々の子どもとの関わりを支えることになります。こうした振り返りは，子どもたちの降園後に，保育室を一人掃除しながら行われることもあれば，保育記録や日誌などをつけることを通して行われることもあります。日頃の子どもや自分自身の姿を思い起こし，省察を深めるのです。さらに，同僚や保育者との研修などで，他者と共に子どもの姿を語り合うことを通して，振り返ることもあります。自分のなかだけでは見えてこなかった多様な見方に出会い，自分だけでは思いつかなかったような子どもを見る視点や実際の関わりが考えられていくこともあります。

　筆者の勤める養成校でも，実習が終わった後は，悩んだこと，気になっていることについて，ひとつの場面を選び，記録を作成し，その記録を持ち寄り，グループ学習で討論することにしています。

　養成校の学生Ｆさんは，幼稚園実習で年少クラスに入りました。悩んだのは，野菜嫌いのＲ君への対応です。この日はお弁当の日で，Ｒ君は口いっぱいにほおばり，「いっぱい食べる」とＦさんに伝えます。しかし，まだ野菜が残っているにもかかわらず，「先生，食べた！」と弁当の蓋を閉めようとしました。そこで，Ｆさんは「待って，お野菜残っていなかった？　せっかくお母さんが作ってくれたから頑張って食べよう」と言葉を掛けました。「だって好きじゃないもん」とＲ君。「ひとつだけでもいいから食べてみよう」と言うと，渋々といった顔をし，枝豆を食べました。「えらいね，お母さんも喜んでくれるよ。頑張ったね！」とＦさんが認めると，得意げな表情をするＲ君でした。Ｆさんは，この場面について，保護者のためと思って言葉を掛けたが，子どもの意思を尊重できていないのではないか，なぜ野菜が嫌いなのかを把握していくことで，別の対応があったのではないかと考察しました。

　グループ討論では，野菜は全部食べられないのか，野菜の何が嫌なのか，野菜に興味を持つために保育でできることはないか，話し合いが行われました。年少児にとって食事が嫌な時間にならないようにしていかなくてはなりません。そして，学年が上がるにつれて食べられる物がひとつでも多くなることが理想です。保育で取り組めることとして，トマトやナスを園で育てたり，絵本や紙芝居を通して野菜や食べることに興味関心を持つような働きかけをしたり，実際に調理をしたり，大人が調理をする姿を見せたり，野菜の切り方や茹でるのか炒めるのかといった調理の仕方によっても工夫できるのではないかと意見が出ました。

　このように，仲間と共に子どもや保育について語り合い，自分自身の保育や子どもの見方を振り返ることは，子どもの育ちを見つめ，援助配慮や環境構成を変える具体的な手立てを考えることになります。仲間と学び合い，明日への保育の手がかりを見つけていきましょう！

（片桐真弓）

第5章

知能と創造性
かしこさとは

「かしこい」，「頭がよい」と聞くとどんな人をイメージしますか？「学校の成績がよい」，「記憶力がよい」，「多言語を使いこなせる」，「数学が得意」といった学力の高い人が思い浮かんだ人もいるかもしれません。また，「理解力がある」，「新しい環境に短時間でなじめる」といった新たなことを学べる人を思い浮かべた人もいるでしょう。このような能力について心理学では「知能」という言葉を用い，さまざまな研究が積み重ねられてきました。一方，「状況に応じて，新たな活動や価値を創造できる」などを思い浮かべる人もいたかもしれません。これらの能力は「創造性」といった言葉で表現され，近年注目を集めています。

第5章では，この「知能」，「創造性」という2つのキーワードに注目し，「かしこさ」とはどのようなものなのか？　そして，それらを培うためにどのようなことが求められるかについて解説していきます。

5.1　知能とは

●5.1.1●　知能の定義

知能については，これまで多種多様な研究が存在しており，研究者によってさまざまな定義が存在しています。そのなかの有名な定義として，知能を，①抽象的な事物に対する思考能力とするもの，②物事を学習する能力とするもの，③新しい環境への適応能力とするもの，とした3つの考えが存在します。また，ウェクスラー（Wechsler, 1958）は，知能について「目的的に行動し，論理的に思考し，環境に効果的に対処する，個人の総合的あるいは包括的能力である」と定義しています。これらの定義をみると，「知能」は，知的行動はもちろんのこと，新たなものの学習や新たな環境に適応していくことなども含んでおり，人と環境との相互作用も包括した概念と考えられています。

●5.1.2●　知能の構造

知能をどのようにとらえるのかは，研究者によって異なりますが，ここでは代表的なものをいくつか紹介します（測定法と関連した概念については，次節で説明します）。

（1）流動性知能と結晶性知能

　ホーンとキャッテル（Horn & Cattell, 1966）は知能を**流動性知能**（fluid intelligence）と**結晶性知能**（crystalized intelligence）に分類し，発達ごとの変化に注目しています。流動性知能とは，神経系の機能によって決定される能力であり，情報処理の速さや記憶力に関わる能力です。そのため，新奇な状況での問題解決に効果を発揮すると考えられています。一方，結晶性知能とは，生涯を通しての経験の積み重ねによって獲得される能力で，語彙力や社会的スキルを指しています。これらは，すでに保持している知識・技能・経験を有効に使うための能力と考えられています。

　これらの能力は加齢に伴って異なる様相を示します。具体的には，流動性知能は，神経系機能と関連しているため，青年期から成人期にかけて最も能力を発揮できます。一方で，結晶性知能は，経験の累積によって高まるため，高齢になるまで伸び続けていくとされています。

（2）多重知能理論

　多重知能理論（theory of multiple intelligences）を提唱した**ガードナー**（Gardner, 2004）は，異なった文化の大人に注目し，人の行動は多様な能力が組み合わさって機能すると結論づけています。ガードナーが想定した能力とは「言語的知能」，「音楽的知能」，「論理－数学的知能」，「空間的知能」，「身体－運動的知能」，「内省的知能」，「対人関係知能」の７つであり，それらが相互に作用し合いながら，個人が特徴づけられるとしました。

　この理論の特徴は，能力同士の相互関係を重視したこと，「言語的知能」，「論理－数学的知能」といった学習面で使用される知識技能だけではなく，「内省的」といった自身の内面を把握し制御する能力や，「対人関係知能」といった他者と交流する能力も知能のひとつとしてとらえているところにあります。能力ごとの相互作用にも注目したことで，人それぞれの発達の度合いが異なることにも言及し，学校や教育における子ども理解に有効な手段と考えられています。

（3）感情知能（情動性知能）

　ゴールマン（Goleman, 1995）は，自身の感情を理解し制御することは，生涯の健康と成功にとって重要であることを主張し，それらの能力を**感情知能**（Emotional intelligence（Quotient）：**EQ**）と名づけました。この主張をもとに，メイヤーとサロベイ（Mayer & Salobey, 2004）は，感情知能の主成分として，「感情の正確な知覚と表出」，「自分の感情を引き出すこと」，「自分の感情と感情の意味を理解すること」，「感情を適切に調整すること」の４つを挙げています。アメリカではこれらの感情知能に焦点を当て，学校で校内暴力を減らすことを目的に，若者に自身の怒りを理解させ管理させるプログラムを作成し，実践しています。その結果，若者の怒りを調整することで，校内暴力が減少するなど，プログラムの有効性が示されています（Bar-On et al., 2007）。また，社会人の感情抑制訓練や，感情に注目した心理療法も開発されており，さまざまな支援につながっています。

●5.1.3● 遺伝と環境が知能に与える影響

知能の発達に影響を与える要因の検討として，**遺伝**と**環境**の影響を検討した研究が存在しています。

(1) 遺伝の影響

遺伝が知能の発達に与える要因について検討したものとして，**一卵性双生児**を対象に行った研究があります。一卵性双生児は，1つの受精卵が2つに分かれ産まれているため，きょうだいは同一の遺伝子を保有しています。この一卵生双生児と二卵性双生児（2つの受精卵から生まれているため，遺伝子的には一般的なきょうだいと同一の遺伝子差）やきょうだいの知能の類似度を算出し比較しています。その結果，一卵性双生児は他のきょうだいと比べ類似度が高いことが多くの研究で示され，知能における遺伝の規定性は60%～80%であるとされています（Lubinski, 2000）。このように知能に関しては，遺伝の影響が強いことが示されています。

(2) 環境の影響

先に挙げた，一卵性双生児を対象とした研究においても，同一家庭で育った双生児は，異なる家庭で育った一卵性双生児に比べ，知能の類似度が高いことが確認されています。異なる家庭環境で類似度が下がることから，環境も知能に関して一定の影響を与えていると結論づけられています（Bouchard et al., 1990）。

このように，環境の重要性を強調する研究者も存在しています。**ハント**（Hunt, 1964）は知能の発達における環境・経験の重要性を説いています。**ブルーナー**（Bruner, J.S.）は，適切な刺激を与えることや学習経験を構造化することの必要性を強調し，子どもの発達に合わせてカリキュラムを組めば，知的発達は促進されると述べています。そのように，個々人の様相に合わせた教育を提供することの必要性も主張されています。

> **輻輳説と相互作用説**
> ここでは，知能における遺伝と環境の影響をそれぞれ述べた。しかし，単に片方の要因が影響を与えているわけではない。第1章 p.4でも述べたように，遺伝と環境が加算的に影響を与える輻輳説，遺伝と環境とが乗算的に影響を与える相互作用説が有力になっている。

━ WORK

！ ■ 考えを深めるために

知能の発達に，遺伝と環境がどのような影響を与えているのか，自分の経験をもとに述べてください。また，他の人とも意見交換をしてみましょう。

5.2　知能の測定方法

知能は，目に見えるものではないため，それらを測定する方法が必要となります。その方法のことを「**知能検査**」と呼び，さまざまな方法が開発されています。

●5.2.1● 知能検査の概要

知能検査は，「問題解決」，「概念形成」，「判断力」などの知的課題の遂行能力を測定されるために行われるもので，多くの協力者に調査を行ったうえで標準化された検査です。知能検査は，19世紀後半，**ゴルトン**（Galton, F.）によって行わ

れた研究がはじまりとされています。その後，20世紀に入り**ビネー式知能検査**が開発され，現在の知能検査へとつながっています。

　知能検査は，一般的に**知能指数**（**IQ**：Intelligence Quotient）を算出しその点数で知能の高低を判断します。知能指数は，検査で得られた結果から**精神年齢**（**MA**：Mental Age）を算出し，実際の**生活年齢**（**CA**：Chronological Age）と比較するものです。計算式は，「IQ = MA/CA × 100」で表され，MAとCAの数値が同じであれば100となり平均的なIQとなります。また，精神年齢のほうが高ければ100を超え，平均より能力が高いことを意味し，精神年齢のほうが低ければ100を下回り，平均より知能が低いと判断されます。この値が著しく低い場合などは，特別な教育を提供する可能性が出てきます。

●5.2.2● 知能検査の具体例

　ここでは知能検査の礎を築いた**ビネー式知能検査**，頻繁に利用される**ウェクスラー式知能検査**，同時に多人数を対象に行う**集団式知能検査**の3つについて説明する。

（1）ビネー式知能検査

　現在につながる知能検査のもととなったのが，**ビネー式知能検査**です。1881年，フランス政府は，子どもの就学を義務化したことにより，学習遅滞の子どもへの対応が求められるようになりました。そこで政府は，**ビネー**（Binet, A.）に，知的遅滞のために通常学級で授業を受けることが難しい子どもたちを見出すための検査の作成を要請しました。

　ビネーは，知能は知覚‐運動的技能よりも，推論と問題解決の能力を必要とする課題によって測定されると考え，共同研究者の**シモン**（Simon, T.）とともに検査技法を開発しました。当初は，30の設問で構成される検査でしたが，改訂が進められさまざまな年齢を対象とした設問になり，その後，さまざまな国ごとの検査に改変され使用されるようになりました。具体的には，アメリカでは，ターマン（Terman, 1916）が，スタンフォードビネー式知能検査を標準化し，その後も改訂が重ねられ，現在も使用頻度の高い検査となっています。日本においては，田中ビネー式知能検査と鈴木ビネー式知能検査が有名で，改訂を重ねながら現在も使用されています。

日本におけるビネー式検査の最新版
2023年度現在での最新版は，2005年に改訂された田中ビネー式知能検査Vと2007年に改訂された改訂版鈴木ビネー式知能検査となっている。

（2）ウェクスラー式知能検査

　ウェクスラー（Wechsler, 1939）は，知能を分析的・診断的に測定するための検査として，**ウェクスラー・ベルビュー法**を開発しました。その後，「WAIS（16歳〜90歳11か月対象）」，「WISC（5歳〜16歳11か月対象）」，「WPPSI（2歳6か月〜7歳3か月対象）」を開発し，幅広い年齢に対応したIQを測定することを可能としました。**ウェクスラー式知能検査**の特徴としては，言語性検査と動作性検査から構成され，それぞれのIQ（Verbal IQ：VIQ, Performance IQ：PIQ），全体のIQ（Full scale IQ：FIQ）が算出できること，各下位検査のプロフィールを描くことができること，偏差知能指数を指標としていることなどが挙げられます。

　ウェクスラー式知能検査も，現在まで改訂が進められており，日本では，

「WAIS-Ⅳ」が 2018 年に，「WISC-Ⅳ」が 2010 年に，「WPPSI-Ⅲ」が 2017 年に，公刊されています。WAIS-Ⅳ，WISC-Ⅳでは，4 つの指標を採用しており，「言語理解指標（VCI：言葉による理解力，推理力，思考力に関する指標）」，「知覚推理指標（PRI：視覚的な情報を把握し，推論したり視覚情報に合わせて身体を動かしたりする指標）」，「ワーキングメモリー指標（MMI：一時的に情報を記憶しながら処理する能力に関する指標）」，「処理速度指標（PSI：情報を処理するスピードに関する指標）」と「全検査 IQ」を測定し，より多面的に知能を把握し，児童・生徒の教育的支援につなげる取り組みがなされています。

WISC の最新版

WISC-V が 2021 年に発行された。指標が 5 つに変わっている。

（3）集団式知能検査

　ビネー式，ウェクスラー式知能検査は，調査者と対象者が 1 対 1 で相互に対話しながら検査を行いました。そのため，これらの検査は，個別式知能検査と呼ばれています。一方，1 人の検査者が複数の被検査者を一斉に検査することができる筆記式検査も開発されており，これらは**集団式知能検査**と呼ばれています。

　世界最初の集団式知能検査は，第 1 次世界大戦中にアメリカ陸軍で使用された検査とされています。この検査は，兵士の適切配置のために**ヤーキース**（Yerkes, 1917）が中心となって作成したものです。この検査の特徴は，言語によるＡ式（言語性検査）と図形・絵・数字・記号などを使用したＢ式（非言語性検査）の 2 種類で構成されており，2 つの指標から知能を測定しようとしているところです。この手法は，現在の集団式知能検査にも引き継がれています。

　集団式知能検査は大勢の人を短時間に検査できることや検査方法も簡便であることから，利用しやすい検査方法といえます。ただし，個別式に比べ信頼性に欠ける可能性や，安易に利用されることによる危険性も指摘され，慎重に取り扱うことが必要です。そのため，場合によっては，個別式知能検査とのテストバッテリー（複数の検査を組み合わせて実施すること）などでの利用も求められます。

　　　　　　　　　　　　　　　　　　　　　　　　　　　　　　　— WORK

！ 考えを深めるために

　知能検査の結果（数値）を教育に用いる際の注意点はどのようなものがあると考えますか？

5.3　　創造性とは

　ここまでは古くから研究が続けられてきた「知能」について扱ってきましたが，ここからは，近年注目度が増している「**創造性**」について説明します。

●5.3.1● 創造性の定義

　現在，OECD（Organisation for Economic Co-operation and Development：経済協力開発機構）加盟国のほとんどのカリキュラムには，児童・生徒に期待させる学習効果として，何らかのかたちで創造性と批判的思考を含んでいます（OECD, 2023）。また，OECD-CERI は，「教育における創造性と批判的思考の育成と評価」プロジェクトを実施し，創造性と批判的思考を教育現場で利用するた

めの共通用語を開発し，各国の指導と学習を促進させることをめざしています。このことからも，創造性は世界的にも注目されているといえます。

　創造性とは，「目新しく（独創的な，予期しない）かつ，適切な（有用な，課題の制約に応じた）作品を生み出す能力である」と定義されています（Sternberg & Lubart, 1999）。この定義に「適切」と示されているように，単に目新しいものを考えだそうとすることではなく，社会背景やすでに確立されているシステムをふまえたうえで，新たな可能性を生み出すことが求められます。

●5.3.2● 収束的思考と拡散的思考

OECD のテスト
OECD のプロジェクトで利用された潜在的な創造的能力のテストでは，拡散的-探索的能力と収束的-統合的能力を測定しており（Lubart et al., 2001），それらは創造性を構成する重要な概念と考えられている。

　創造性に関連する心理学知見として，**ギルフォード**（Guilford, 1967）の考えがあります。ギルフォードは，知性のモデルを考えるにあたって，思考のタイプを**収束的思考**と**拡散的思考**の2つに分類して理解しています。収束的思考とは，1つの質問に対してあらかじめ決まった正解を求めるような，1つの答えを導く思考のことです。そして，拡散的思考とは，1つの質問に対して多くの答えを生み出すような思考をいいます。5.2 節で取り上げた知能検査は，設問に対する1つの回答を導き出して知能を判断することが中心となるため，収束的思考を測定する側面が強くなります。一方，拡散的思考は，新たな価値や意味を作りだすことを意味しており，創造性を発揮させる思考と考えられます。

●5.3.3● これからの時代に求められる能力

　従来，教育では収束的思考が求められる傾向が強かったのですが，社会的背景の変化により拡散的思考（創造性）の重要性が高まっています。具体的な背景として，**VUCA** と呼ばれる時代の特徴があります。VUCA とは，「Volatility（変動性：テクノロジーの進化やそれに伴う価値観や社会の仕組みの変動）」，「Uncertainty（不確実性：地球温暖化や新型コロナウイルス感染症などの疾病など，唐突に訪れる問題の不確実性）」，「Complexity（複雑性：グローバル化等により，習慣や常識，ルールなどが多様化するなかでの不確実性）」，「Ambiguity（曖昧性：先に挙げた事柄が組み合わさることで，因果関係が不明で前例のない出来事が増える曖昧性）」という用語の頭文字を取った造語です。これらの単語が示しているように，大きな社会変動のなかで，未来予測が難しくなる状況のことを指しており，Chat GPT に代表される生成系 AI の躍進やグローバル化・複雑化もそのひとつといえます。

2030 年に求められる人材
文部科学省（2018）では，健康寿命（健康上の問題で日常生活が制限されることなく生活できる期間）の延伸による「人生 100 年時代」の到来や，IoT やビッグデータ，人工知能等をはじめとする技術革新がいっそう進展することによる Society5.0 の到来に関する人材育成について述べられている。

　このような状況下において文部科学省（2018）も，「2030 年に求められる人材」として，「創造的・協働的活動を創発し，やり遂げる人材」を挙げています。そのほかにも，「想定外や板挟みと向き合い乗り越えられる人材」，「AI を使いこなす人材，AI で解けない問題・課題・難題と向き合える人材」が挙げられるなど，未知の状況への対応や最新テクノロジーへの対応など，創造性を発揮し時代の変化に適応する人材が求められています。

●5.3.4● 創造性を発揮するために

　創造性を発揮するためには，**創造的思考**と**創造的人格**の2つの側面が必要とな

ります。「創造的思考」は，豊かなアイディアを創造することを意味し，①問題に対する敏感さ（問題点を自分で見出す力），②流暢性（早くたくさんのことを考えられる力），③独創性（他者と比べて独創的なことを考える力），④柔軟性（多くの観点から考えられる力），⑤綿密性（具体的・計画的に考えられる力），⑥再定義（異なった観点から考えられる力）の6つが挙げられています（Guilford, 1959）。これらの思考は，創造性を生み出すためには大切です。しかし，創造的なことを思い浮かべたとしても，それを実行しなければ，創造性を示すことはできません。

　そこで求められるのが，創造的思考を実行するための能力を意味している「創造的人格」です。トーランス（Torrance, 1970）は，創造的な人格として，①好奇心の強さ，②好みの複雑さ，③持続性，④興奮しやすさ，⑤忍耐強さ，⑥強情さ，⑦開放性，⑧攻撃性，⑨衝動性，⑩支配性，⑪独立性を挙げています。この思考と人格の要因が複雑に絡み合いながら創造性を発揮していきます。

●5.3.5●　創造性を培う

（1）　創造性を高める学習方法

　創造性開発の技法はいくつか提案されていますが，そのなかでも有名なのが**オズボーン**（Osborn, A.）によって開発された「**ブレーン・ストーミング（brain storming）**」です。この手法は学校教育にも多く取り入れられており，学校で実践した人も多いと思います。ブレーン・ストーミングは，「アイディアの全体的な生産性は，生産の機能と評価の機能を分離すれば著しく増大する」という考えのもと，集団でアイディアを得ようとする技法です。

　この技法は，「出たアイディアについて良い悪いの評価をしない」，「アイディアの出し方は自由奔放であるほどよい」，「できるだけ多くのアイディアを出す」，「自分のアイディアだけでなく，他人のアイディアを改良したり，組み合わせたりしてもよい」という4つの原則のもと進めていきます。この原則に従って，付箋などを用いてアイディアを抽出・展開・整理し，最終的に批判・評価を行います。このような4原則は，アイディアの抽出を促すもので，創造性を発揮するうえでも効果的とされています。そのほかにもワールドカフェやオープンスペーステクノロジーなど，さまざまな技法が開発され，教育現場でも実践されています。ただし，手法のみに注目が集まり，創造性を発揮するために大切な原則がないがしろにされるケースもありますので，本質的な部分をおろそかにせず，実践することが求められます。

（2）　主体的で対話的な深い学び

　文部科学省（2018）による2030年に求められる人材を育てるための手段として「**主体的な学習者**」，「**主体的・対話的で深い学び**」が挙げられ，これらを意識した教育が求められています。これらも生涯にわたってアクティブに学び続けることをめざしたものであり，創造性を培うために効果を発揮します。

　「主体的な学び」とは，学ぶことに興味関心を持ち，自己のキャリア形成の方向性と関連づけながら，見通しをもって粘り強く学ぶことなどを意味しています。また，「対話的な学び」とは，子ども同士の協働，教職員や地域の人との対話，先哲の考え方を手掛かりに，自己の考えを広げ深めることを意味しています。そし

探究授業・学習
探究授業とは，教員に指定された問題を解くのではなく，児童・生徒自身が自らの問いや課題を見つけ，その課題の解決方法を探るため，情報収集や整理，分析をし，成果を発表する一連の授業・学習活動。これらの活動を通じて，思考力や判断力，決断力，表現力，言語力等を養うことをめざす。

て，「深い学び」では，習得・活用・探求という学びの過程のなかで，特性に応じた「見方・考え方」を働かせながら知識を関連づけて深く理解すること等が求められます。これらの学びを実現させるためにも，児童・生徒の身近なことと関連づけた学びや対話的授業の導入，探究授業に代表されるような自ら問いを見出し，課題を探究することなどを取り入れた授業を展開させていくことが求められます。

　本章では，「知能」と「創造性」について説明しましたが，この2つの能力は相互に関わり合っていることも理解する必要があります。例えば，創造性を発揮するためには，流暢性が求められますが，流暢性の意味する「たくさんのことを考えること」には必然的に高い知能が必要となります。そのため片方の能力のみを重視するのではなく，双方の関連性を含めた児童・生徒理解が求められます。

━━ WORK

■ 考えを深めるために

創造性を培うために教員に求められることとはどんなことだと思いますか？
具体的に考えて書き出してみましょう。

引用・参考文献

Bar-On, R., Maree, J, G., & Ellas, M. J.（2007）. *Educating people to be emotionally intelligent*. Westport, CT: Praeger Publishers.

Bouchard, C., Tremblay, A., Déspres, J. P., Nadeau, A., Lupien, P., Thériault, G., Dussault, J., Moorjani, S., Pinault, S., & Fournier, G.（1990）. The response to long-term overfeeding in identical twins. *New England Journal of Medicine, 322*（21）, 1477-1482.

Gardner, H.（2004）. *The unschooled imind: How children think and how schools should teach*. New York: Basic Books.

Goleman, D. P.（1995）. *Emotional intelligence: Why it can matter more than IQ for character, health and lifelong achievement*. New York: Bantam Books.

Guilford, J. P.（1959）. Traits of creativity. In H. H. Anderson（Ed.）, *Creativity and its cultivation*（pp. 142-161）. Harper and Row.

Guilford, J. P.（1967）. Creativity: Yesterday, today, and tomorrow. *The Journal of Creative Behavior, 1*（1）, 3-14.

Horn, J. L., & Cattell, R. B.（1966）. Refinement and test of theory of fluid and crystallized intelligence. *Journal of Educational Psychology, 57*, 253-270.

Hunt, J. M.（1964）. The psychological basis for using pre-school enrichment as an antidote for cultural deprivation. *Merrill-Palmer Quarterly of Behavior and Development, 10*, 209-248.

Lubart, T., Besancon, M., & Barbot, B.（2011）. *EPoC: Évaluation du potential creatif des enfants*. Edition Hogrefe.

Lubinski, D.（2000）. Scientific and social significance of assessing individual differences: "Sinking shafts at a few critical points." *Annual Review of Psychology, 51*, 405-444.

Mayer, J. D., Salobey, P., & Caruso, D. R.（2004）. A further consideration of the issues of emotional intelligence. *Psychological Inquiry, 15*, 249-255.

文部科学省（2018）．2030年に向けた日本の教育政策について　https://www.mext.go.jp/component/a_menu/other/detail/__icsFiles/afieldfile/2018/09/11/1407981_02.pdf

OECD 教育研究改新センター（2023）．創造性と批判的思考──学校で教えて学ぶことの意味はなにか──　明石書店

Terman, L. M.（1916）. *The measurement of intelligence*. Houghton, Mifflin.

Torrance, E, P.（1970）. *Encouraging creativity in the classroom*. W. C. Brown.

Wechsler, D.（1939）. *The measurement of adult intelligence*. Williams & Wilkins.

Wechsler, D.（1958）. *The measurement and appraisal of adult intelligence*. Baltimore: Williams.

Yerkes, R. M.（1917）. The Binet versus the Point Scale method of measuring intelligence. *Journal of Applied Psychology, 1*（2）, 111-122.

コラム　絵本の力を活かす

　2000年の「子ども読書年」以降，日本における絵本をめぐる状況は大きく変化したと言われます。たとえば，乳幼児健診時に，すべての赤ちゃんに絵本を手渡す「ブックスタート」運動が始まりました。幼稚園や保育所においても，絵本は積極的に取り入れられ，保育室の一角には絵本棚や絵本コーナーを設置している園が多く，帰りの集まりのときは必ず絵本の読み聞かせを行うことを日課にしている園もあります。

　絵本はともすれば，時間と時間のつなぎとして，あるいは活動の導入やまとめの手段として用いられることも多いですが，子どもの発達における絵本の役割は大きいものです。絵本を通して，言葉や語彙を増やすだけでなく，絵に助けられながら，知識や思考力，豊かな想像力を育み，知的好奇心を満たしていきます。また，絵本の読み聞かせは，読み手の愛情が聞き手の子どもの心に響き，子どもとの信頼関係を結ぶことにもなるでしょう。だからこそ，質のよい絵本を選び，ふさわしい読み聞かせをしていくことが大切です。

　さて，毎年新しい絵本が出版されていますが，30年以上出版され続けているロングセラー絵本は，多くの読者に支持されてきた絵本です。保育者をめざす人は，長く愛され読み継がれている絵本を数多く読み，子どもの育ちに必要な絵本，実践に取り入れる絵本を見る目を磨いていきたいものです。

　ゼミの学生と，ロングセラー絵本の研究を行いました。そのなかから，かこさとし『からすのパンやさん』（偕成社，1973）の絵本研究を紹介します。この絵本は，からすのまちのいずみがもりにある，4羽の赤ちゃんが生まれた“からすのパン屋”での出来事が描かれています。ロングセラーである理由として，第一に，からすの描写の素晴らしさが挙げられます。4羽は毛色からオモチちゃん，レモンちゃん，リンゴちゃん，チョコちゃんと名づけられますが，そのネーミングのおもしろさと，からすたちの一羽一羽の表情や服装が描き分けられていて，家族や友達との関わりが人間と同じようにとらえられ，親しみを感じることができます。第二は，このパン屋の一家から見習うべき，明るく力に満ちたメッセージがあることだと考えました。たとえば，赤ちゃんの世話とパン屋の両立が大変で，焦げたパンや半焼きパンが多くなり，客が減って，家計は貧乏になりますが，そんな家庭の状況を見て，きょうだいが窮状を救おうと店の手伝いをします。子どもが親の後ろ姿を見ていることに，働く親は励まされたり，ワーク・ライフ・バランス（仕事と生活の調和）を考えたりするでしょう。そして，大勢の客がやって来たときに色違いの風車を使って対応するところでは，困難を切り抜ける力が発揮されています。第三は，何といってもさまざまな変わった形のパンがたくさん並んでいる場面です。総勢84種類のパンが所狭しと描かれています。はぶらしパン，てんぐパン，たけのこパン，バイオリンパンなど，普通では思いつかない，斬新で，見ているだけでワクワクする楽しい気分になります。読み聞かせのポイントとして，さまざまな変わった形のパンがたくさん並んでいる場面やいろいろな表情や服装をしたからすが登場する場面があるので，細かい絵も見える隊形で，ゆっくりと絵を見ていける間を取ることが挙がりました。

（片桐真弓）

第6章

教授法と教育評価
学びを導く

第6章では，学びを導く教え方や評価のあり方について学んでいきます。子ども一人ひとりの力が育つ学習環境づくりに向け，専門知識と技術を身につけましょう。

6.1 　教授法──学びを導く教え方を知ろう

●6.1.1● 学習指導の形態

（1）一斉学習，グループ学習，個別学習

　学習指導の形態は，集団関係に着目すると，一斉学習，グループ学習，個別学習の３種類に大別されます（**図6-1**）。**一斉学習**は，教師が学級集団に属するすべての子どもたちに対して一斉に授業をし，学びを導く指導方法です。**グループ学習**は，学級を小集団に分け，少人数で話し合いをしたり，課題に取り組んだりする活動を通じ，学びを導く指導方法です。特徴のあるグループ学習として，バズ学習やジグソー学習が知られています。**個別学習**は，一人で考えをまとめたり，問題を解いたりする活動を通じて学びを導く指導方法です。

　３種類の形態は，それぞれメリットとデメリットがあります。例えば，一斉学習は，教授内容が明確で多くの情報を短い時間で伝えられるメリットがあります。一方，全体授業となるため，子ども一人ひとりの反応を把握しにくく，「教師→子どもたち」の一方向になりがちというデメリットがあります。グループ学習は，子ども一人ひとりの発言の機会や責任ある役目を担う機会が多くなる反面，構成メンバーによっては特定の子どもに発言が偏り，話し合いがうまくいかなかった

> **グループ学習**
> 小集団学習，班学習，協働学習と呼ばれることもある。

> **バズ学習とジグソー学習**
> バズ学習は，小グループでの討議や教え合いで学びが進む学習法。バズ（buzz）はブンブン飛ぶ虫の羽音を表し，少人数で活発にやりとりされる様子が思い浮かぶ。ジグソー学習は，ジグソーパズルのように，各ピース（グループの各メンバーが持ち寄る専門知）を合わせ，全体像に辿り着く仕掛けがある学習法。

図6-1　一斉学習，グループ学習，個別学習

り，学びに濃淡が出たりすることがあります。では，個別学習は万能かというとそうでもなく，個々人が自力で取り組めるほど良いレベルの課題や丁寧な指導がないとうまくいかない，という面を持っています。

したがって，授業では各形態がもつデメリットが大きくならない工夫をしつつ，1時間のなかで複数の形態を組み合わせ，その時間のなかで達成したい目標と照らし合わせながら，それぞれのメリットを享受できる流れを考えることも必要です。

1時間のなかで複数の形態を組み合わせると，具体的にどのような流れになるのでしょうか。小学校での算数の授業を例にとってみます。授業開始後は一斉学習です。前回の授業で学んだ内容を全員で確認します。次に，この時間に取り組む問題の提示を受けて本日のめあてを決定します。そして，めあてに向かうために使えそうな考え方や道具（ブロックや図等）について，これまでの学習を思い出しながら話し合います。そのうえで，個別学習にて一人ひとりで考え，問題の解き方をノートに書き出します。続いて，グループ学習でわからない部分を確認したり，各自の考えを紹介し合ったりした後，再び一斉学習の形態に戻り，全体の場で発表します。発表をふまえ，どの考え方が良いかを全員で吟味し，まとめを書いて授業終了です。いかがでしょうか。これまでの授業のなかで，自身の学びが深まった授業を思い出した人もいるかもしれませんね。

(2) GIGA スクール構想

2019年，日本では **GIGA スクール構想**という教育改革案が打ち出されました。GIGA スクール構想の GIGA は，Global and Innovation Gateway for All の略です。多様な子どもたち一人ひとりに公正に個別最適化され，資質・能力をいっそう確実に育成できる教育 ICT 環境の実現をめざす，との思いが込められています。この目標に向かうため，児童生徒1人1台端末と通信ネットワークの整備，そして，これまでの教育実践と最先端の ICT を合わせることが求められています。

ICT
Information and Communication Technology; 情報通信技術のこと。

図 6-2　GIGA スクール構想で期待される効果
（文部科学省（リーフレット）GIGA スクール構想の実現へ（p.3）をもとに作成）

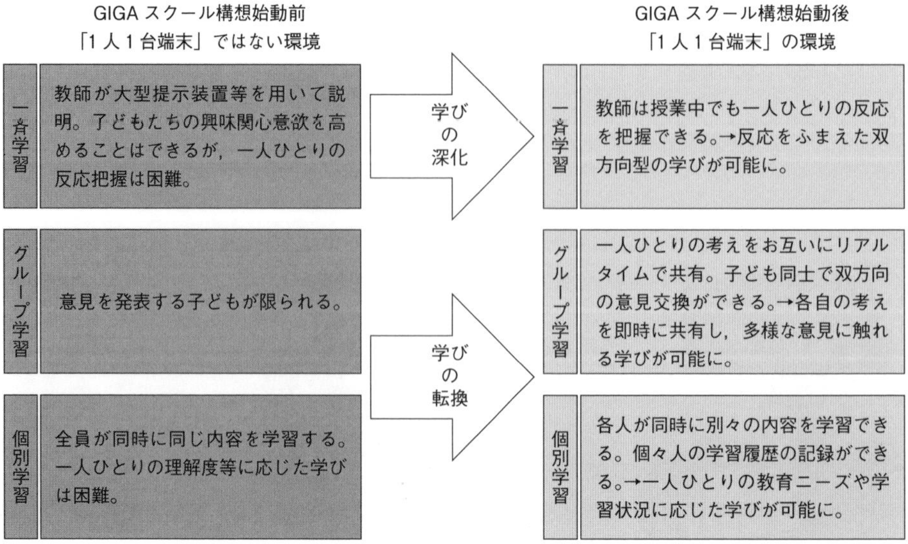

GIGA スクール構想始動前
「1人1台端末」ではない環境

GIGA スクール構想始動後
「1人1台端末」の環境

一斉学習	教師が大型提示装置等を用いて説明。子どもたちの興味関心意欲を高めることはできるが，一人ひとりの反応把握は困難。	学びの深化 →	一斉学習	教師は授業中でも一人ひとりの反応を把握できる。→反応をふまえた双方向型の学びが可能に。
グループ学習	意見を発表する子どもが限られる。	学びの転換 →	グループ学習	一人ひとりの考えをお互いにリアルタイムで共有。子ども同士で双方向の意見交換ができる。→各自の考えを即時に共有し，多様な意見に触れる学びが可能に。
個別学習	全員が同時に同じ内容を学習する。一人ひとりの理解度等に応じた学びは困難。		個別学習	各人が同時に別々の内容を学習できる。個々人の学習履歴の記録ができる。→一人ひとりの教育ニーズや学習状況に応じた学びが可能に。

　GIGA スクール構想によって，学習指導の各形態がもつデメリットが大きくならない工夫にも今までとは異なるものが見られ，その結果，学びの深化や学びの転換が生じるのではないかと期待されています（図6-2）。

●6.1.2● 発見学習と受容学習

　前の2ページでは，学びを導く教え方について，集団関係に着目した指導方法を紹介しました。続いて，教授法や教授内容に着目した指導方法を紹介します。

（1）発見学習

　ブルーナー（Bruner, 1960）は，**発見学習**を提唱しました（**図6-3**①）。発見学習とは，学ぶべき法則や概念の内容を，学習者である子どもが自分で発見する方法です。発見学習の学習過程は，科学者が法則や概念を発見する過程と本質的には同じと考えられています。

　日本で知られている**仮説実験授業**も，発見学習の一種です。**図6-4**に，小学校での理科の授業例を示します。まず，教師から物の重さに関する問いかけがなされます。子どもは問いを受けて自分の仮説を立てます。続いて，皆の仮説を出し合い，討論を経て仮説を吟味した後，実験によって仮説検証を行い，考察へと進みます。

　発見学習は，深い理解を得られることに加え，内発的動機づけの高まりも期待できる指導方法です。しかし，発見学習に適した学習内容には限りがあるうえ，教師側の周到な準備と十分な学習時間が必要であるという面もあります。

（2）受容学習

　発見学習と対照的な指導方法に**受容学習**があります。受容学習とは，学ぶべき法則や概念の内容を教師が説明し，それを子どもが理解する方法です。先ほどの理科の授業でいうと，受容学習では，教師側が「物の形が変わっても重さは変わらない」と説明し，重さの保存性に関する概念形成へとつなげることになります。

　オーズベル（Ausubel, 1963）は，この受容学習について，教授内容に関する軸，すなわち，**有意味学習 − 機械的学習**の軸が必要と考えました。ある概念を理解す

有意味受容学習の重要性
オーズベルは，発見学習について，たとえば学習内容のすべてを扱えないことなど，学校教育における限界を指摘し，受容学習の重要性を主張した。また，機械的学習に比べて有意味学習は，学習者がすでに持つ知識に新たな知識を意味づけながら学びが進むため，負担が少ないうえ，その後に活かされる特徴がある。

図 6-3　発見学習−受容学習と有意味学習−機械的学習

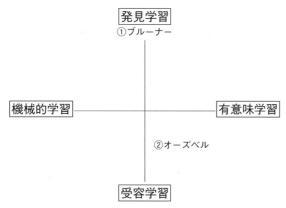

るときなどの，学習者が学習する内容の意味を理解しながら学ぶ場合が前者，暗記のような，深い理解が必要とされない場合が後者，というわけです。オーズベルは，**有意味受容学習**（**図6-3②**）が学校教育では最も重要であるとしています。

図6-4　仮説実験授業の例（板倉・上廻，1965（pp.74-75）をもとに作成）

〈問い〉
　ここにねん土のかたまりがあります。このねん土を，下の図のように形をかえて，はかりの上にのせると，その重さはどうなるでしょうか。

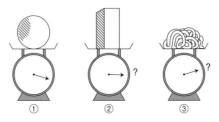

〈予想〉
　球形のねん土の形を次々と変えていくのです。（実物を示しながら）では予想をたててみてください。

　自分の予想に○をつける。
　ア　①の形にしたときが，いちばん重くなる。
　イ　②の形にしたときが，いちばん重くなる。
　ウ　③のように，ほそいひものようにしたときが，いちばん重くなる。
　エ　①②③は，みんな同じ重さになる。

〈討論〉
　どうしてそう思いますか。みんなの考えをだしあいましょう。
　（ヒント）ねん土をつくっている小さな小さなつぶ（原子）の数は，ねん土の形をかえると，ふえたりへったりしますか。

〈実験〉
　さあ，実験でたしかめることにしましょう。

〈実験の結果（考察）〉
　実験の結果，どういう考えが正しいことがわかりましたか。
　実験の結果を┌─────┐の中に書きましょう。

6.2 教育評価——学びを導く評価のあり方を考えよう

●6.2.1● 教育評価とは

　教育評価は，設定された教育目標や判断基準に対する接近の程度を判断するものです。教育評価によって，学びを導く教授法や教授内容が適切であったかを点検したり，子どもが何に興味関心を持っているか，何をどの程度理解しているかに関する情報を得て，次の学びへつなげたりすることができます。

　評価は，①教師の指導のための評価，②子どもの学習のための評価，③教授法等の効果研究のための評価，④振り分け・選抜のための評価，の4種類に大別されます。①は教師が自身の指導を省みて，教育目標の修正や指導の改善をはかるための評価です。②は個々の子どもが，今後，何をどのように学習するかを考える材料となる評価です。③は本章前半で紹介した多種多様な教授法がどのような場合に効果的か，どのような子どもに効果的かといった，一般的な傾向を検討するための評価です。④は能力に応じたクラス編成をはじめ，学年末の進級試験，さらには入学試験といった振り分け・選抜のための評価です。

●6.2.2● 評価の基準

　評価は，拠りどころにする基準によって，絶対評価と相対評価の2種類に分けられます。

（1）絶対評価

　絶対評価は，他の子どもの成績とは関係なく基準が存在している評価です。評価の基準が評価者個人のなかにあって個々人で基準が変わる場合は**認定評価**，教育目標への到達の有無や程度といった具合に個々人で基準が変わらない場合は**到達度評価**と呼ばれます。到達度評価は，自身のどのような点が十分でないかがわかるため，学習や努力の方向づけに活かせます。一方で，教育目標が難しすぎたり，目標への到達がわかりやすい行動目標に偏っていたりする場合は，学びを導く評価から遠ざかってしまうため，注意が必要です。

（2）相対評価

　相対評価は，他の子どもの成績によって基準が変わってくる評価です。ある子どもが属している集団（クラス，学校，全国等）の成績を基準として，その集団のなかでどの位置にいるかを調べ，集団のなかでの優劣や合否の評価をします。

　全国学力テストや模試の結果が戻ってきた際，自分の位置を確認して一喜一憂した記憶がある人はいませんか。相対評価の弱点は，自分が一生懸命頑張っても他の子どもが同じくらい頑張った場合を考えるとわかるように，努力が常に良い結果につながるわけではないという点です。

　指導要録・通知表は，戦後しばらく集団基準による5段階での相対評価でしたが，その後，各教科の目標等に照らし合わせることや，段階ごとに一定の比率を定めて機械的に割り振ることをやめるよう注意がなされるなど徐々に変化し，近年は到達度評価が中心となっています。

> **指導要録・通知表**
> 児童・生徒の学習成果は指導要録という形で学校に残すことが義務づけられている。通知表の様式は各学校の裁量に任されているが，実際は，指導要録の記載方法に従っている場合が多い。

●6.2.3●　評価の時期

図6-5　評価の時期

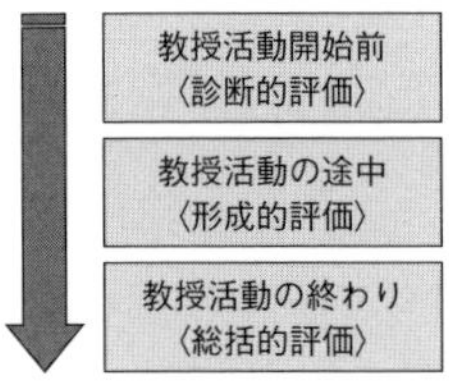

教授活動開始前
〈診断的評価〉

教授活動の途中
〈形成的評価〉

教授活動の終わり
〈総括的評価〉

評価は，いつ行われるかによって，診断的評価，形成的評価，総括的評価の3種類に分けられます（**図6-5**）。

診断的評価は，教授活動を開始する前に行われます。授業の前に，「○○について知っている人？」と投げかけを受けた記憶や，簡単な小テストを受けた記憶はありませんか。学習塾に入る前，最初にテストを受け，今のレベルに適した教材やプログラムを紹介された経験がある人もいるかもしれませんね。これらは，今から学ぶ内容について，どの程度の興味関心があるか，学びの前提となる力はどの程度あるかを調べ，適切な教授法や教授内容，そして教授活動につなげる評価です。

形成的評価は，教授活動の途中に行われます。例えば，診断的評価をもとに準備した教材への反応はどうか，教授法として適していると考えたグループ学習は順調か，そもそも教育目標は適切であるか，といったことを評価します。その評価をふまえ，場合によっては教材や学習指導の形態を変更したり，教育目標を修正したりして，より効果的な教授活動へとつなげていきます。

総括的評価は，単元の終わり，学期末，学年末，のように一定の教授活動の終わりに行われます。

総括的評価

総括的評価については，長期的視野で考えると，例えば，次の単元，次の学期，次の学年や次の学校種につながる形成的評価ととらえることもできる。

評価というと，この総括的評価や，先に紹介した相対的評価を思い出す人が多いかもしれません。しかし，ここまで紹介してきたように，学びを導く評価は多種多様です。教師は，教育目標や判断基準と目の前の子どもの姿を照らし合わせ，学びを導く効果的な評価について考え，改善の努力を続けていく必要があるでしょう。

●6.2.4●　学習効果を高めるフィードバック

学習効果を高める**フィードバック**とは，どのようなフィードバックでしょうか。バトラー（Butler, 1988）は，ある課題に取り組んだ子どもたちを，フィードバック形態の違いで群分けし，形態の違いがその後の課題遂行にどのような影響を与えるかを検討しました。

A群には，課題への取り組みについて，相対評価の成績を返しました。B群には，課題への取り組みについて，その取り組み内容に合う形で，良いところ及び今後焦点を当ててほしいところに関するコメントをつけて返しました。さて，結果はどのようになったでしょうか。

成績がフィードバックされたA群では，課題遂行のレベルが下がり，コメントがフィードバックされたB群では，課題遂行のレベルが上がる結果となりました。学習効果を高めるフィードバックとして，後者の到達度評価的なフィードバックの有効性が示唆される結果となったわけです。

また，竹綱（1984）は，漢字学習を取り上げ，教師採点（教師採点型のフィードバック）群と自己採点（自己採点型のフィードバック）群，採点なし（フィードバックなし）群，自己採点チェック（自己採点後に採点用紙を教師へ提出する手続きが入る）群の4群に分け，漢字の事前テストをした後，各群が1日1回，合計5回のフィードバックを経験する手続きを実施しました。5回目のフィードバックの翌日，事後の漢字テストをし，学習効果を検討した結果を見てましょう。

表 6-1　各群の学習効果の個人差（数値は人数）（竹綱，1965（p.318）をもとに作成）

		教師採点群 （19人）	自己採点群 （19人）	自己採点 チェック群 （19人）	採点なし群 （19人）
事前テスト ↓ 事後テスト の増加得点	0〜5点	0	1	1	10
	6〜10点	0	5	4	7
	11〜15点	2	6	6	2
	16点以上	17	7	8	0

　事前テストと事後テストの漢字得点の変化は，教師採点群＞自己採点群≒自己採点チェック群＞採点なし群，となりました。さらに，各群の学習効果の個人差を調べた結果，自己採点群・自己採点チェック群は他の群に比べると，増加得点に幅広い個人差があるとわかりました（**表 6-1**）。教師採点群と並ぶ形で自己採点（自己評価）が有効である子どもと，自己採点では学習効果が出にくい子どもが存在する可能性が示唆されたのです。

　学習効果を高めるフィードバックは，何をフィードバックするかという内容面に加え，どの子どもに誰がフィードバックをするかという面も考慮する必要がありそうです。

●6.2.5● これからの教育評価

　これまでの教育評価は，誰もが採点できる客観テストをもとにした相対評価をめぐる議論に始まり，採点者に一定のスキルが必要な自由記述式テストや実技テストなども加えた多面的評価をもとにした相対評価の議論，そして，学びを導く評価を意識した到達度評価の議論へと，焦点が当てられる部分が変化してきました。さらに，2017年以降の動きとして，資質・能力の三つの柱に対応する形での評価に焦点が当てられ，さまざまな検討が進められました。これからの教育評価

資質・能力の三つの柱

新しい学習指導要領では，①生きて働く「知識・技能」の習得，②未知の状況にも対応できる「思考力・判断力・表現力等」の育成，③学びを人生や社会に生かそうとする「学びに向かう力・人間性等」の涵養，という三つの柱を念頭に，各学校で各教科の目標等を整理することが求められている。ちなみに，新しい保育所保育指針，幼保連携型認定こども園教育・保育要領，幼稚園教育要領にも，「知識及び技能の基礎」，「思考力，判断力，表現力等の基礎」，「学びに向かう力，人間性等」との記載がある。

図 6-6　評価方法の分類とパフォーマンス課題
（西岡，2016（p.83）をもとに作成）

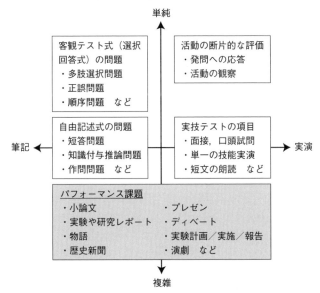

について，特に「学びに向かう力・人間性等」との関連で，「主体的に学習に取り組む態度」の評価における，パフォーマンス課題（**図6-6**）への注目が高まっています。

　今後も多種多様な教育評価が出てくる可能性がありますが，いずれの評価においても，その評価が学びを導くためのものとして教授活動に活かされているか，学習の主体者である子どもにとって良いものとなっているか，という視点は忘れないようにしたいものです。

━━ WORK

■ **考えを深めるために**

① GIGA スクール構想により，1人1台端末がスタンダードとなった今，プログラム学習への注目が再び高まっています。まずプログラム学習について調べた後，1人1台端末で児童生徒がしている個別学習の実際についても調べ，1人1台端末だからこそできる学びの導き方や教師が留意すべきことをまとめてみましょう。

② また，第3章に目を通し，プログラム学習の背景にある連合理論について，理解を深めてみましょう。

引用・参考文献

Ausubel, D. P.（1963）. *The psychology of meaningful verbal learning*. Grune & Stratton.

Bruner, J. S.（1960）. *The process of education*. Harvard University Press.

Butler, R.（1988）. Enhancing and undermining intrinsic motivation: The effects of task-involving and ego-involving evaluation on interest and performance. *British Journal of Educational Psychology, 58*, 1-14.

板倉聖宣・上廻　昭（1965）. 仮説実験授業入門　明治図書

鎌原雅彦・竹綱誠一郎（2005）. やさしい教育心理学〔改訂版〕　有斐閣

柏崎秀子（編著）（2019）. 発達・学習の心理学［新版］　北樹出版

文部科学省. GIGA スクール構想の実現について　Retrieved August 16, 2023, from https://www.mext.go.jp/a_menu/other/index_00001.htm

文部科学省.（リーフレット）GIGA スクール構想の実現へ　Retrieved August 16, 2023, from https://www.mext.go.jp/content/20200625-mxt_syoto01-000003278_1.pdf

文部科学省. 新しい学習指導要領の考え方　Retrieved August 16, 2023, from https://www.mext.go.jp/a_menu/shotou/new-cs/__icsFiles/afieldfile/2017/09/28/1396716_1.pdf

西岡加名恵（2016）. 教科と総合学習のカリキュラム検討──パフォーマンス評価をどう活かすか──　図書文化

竹綱誠一郎（1984）. 自己評価反応が漢字学習に及ぼす効果　教育心理学研究, *32*(4), 315-319.

田中耕治（編）（2021）. よくわかる教育評価［第3版］　ミネルヴァ書房

コラム　保育園・幼稚園におけるピアノ伴奏について

　「おんがく」という字を「音楽」ではなく「音学」と書いてしまう学生がたまにいます。さすがに「音が苦」と書く学生はいませんが。

　私は短期大学の幼児教育科に勤務しています。本大学は保育現場ですぐに役立つよう，ピアノ伴奏に力を入れており，10人以上のピアノ講師陣や100台近くのピアノと，ピアノを学ぶのにとても充実した環境です。入学してくる学生はピアノ未経験者も多く，「バイエル」や「弾き歌い」の練習に大変苦労している学生も多いようです。テンポに乗って動きの違う右手と左手を同時に動かさなければならないピアノ（しかも歌いながら）は慣れないととても難しく，苦手な学生にとってはまさしく「音が苦」の状態のようです。

　私はこれまで小学校に長い間勤めていました。小学生に聞いてみますと，「歌うのは好きだが楽器演奏は嫌い」という子が多くいました。その理由に，「楽器演奏は難しい」という意見がとても多かったのです。考えてみると，歌はメロディと歌詞を覚えればすぐに歌えるのに対し，楽器（例えばリコーダー）を演奏するには，楽譜を読む（階名が読めない）→音と運指と対応させる（穴を押さえる位置がわからない）→指をスムーズに動かせるよう練習する（指がうまく動かない）→タンギング等の息の使い方を練習する（タンギングや息のコントロールができない）など，同時にたくさんの壁を乗り越える必要があり，その練習を積み重ねていかなければなりません。楽器を演奏することに目的を見出せない子は自分から練習することもなく，練習してできるようになった子との差が広がって，ますます音楽嫌いになってしまいます。教師たちは，何とか子どもたちに「やる気」を持たせようと「音楽会で発表しよう」とか「授業参観のときにおうちの人に聴いてもらおう」など，目標設定を工夫して取り組ませる努力をしてはいるのですが。

　では，本大学の学生の場合はどうでしょうか。今は，伴奏CDやYouTubeなどを使えばピアノ伴奏なんていらないと思っている学生も多いようです。実際，音楽の授業を専科がやっている小学校では，クラス担任が音楽の授業をすることはなく，教室で「今月の歌」などの歌を歌わせるときにはカラオケCDを使うことが多くなってしまいました。オルガンは場所をとってしまうという理由で，教室からどんどん消えていっています。

　しかし，幼稚園・保育園の現場では，子どもたちの活動に合わせて臨機応変にたくさんの曲を歌う場面も多く，そのたびにいちいちCDを準備するのではとても対応できません。そして何よりも，保育士のピアノ伴奏を見たり聴いたりしながら，先生と一緒に音楽活動を楽しむことこそが，保育園・幼稚園では一番大切なことだと思います。

　そこで私は，保育現場を知らない1年生の学生に目標を持たせるために，いきいきと歌っている小学生の映像を見せ，「あなた方の今の苦労の向こう側には，こんなに素敵な子どもたちの笑顔が待っているんだよ。だから大変だけどピアノの練習をがんばって」と励ましています。

　実際の現場での伴奏は楽譜どおりに弾く必要はなく，いかに自分の力量に合ったアレンジで弾けるかが大切です。大学時代に少しでも自分のピアノの力量を上げ，余裕をもった伴奏で子どもたちに笑顔で向き合えるようになってくれるといいなあと思っています。

（中山健）

教師と子どもとの関係
学びと育ちを支える

　教師には，学級活動や学校生活の基盤となる学級経営の充実を図ることが求められています（中央教育審議会，2016）。学級経営について，「小学校学習指導要領解説 総則編（平成29年7月）p.96」には，「学習や生活の基盤として，教師と児童との信頼関係及び児童相互のよりよい人間関係を育てるため，日頃から学級経営の充実を図ること。また，主に集団の場面で必要な指導や援助を行うガイダンスと，個々の児童の多様な実態をふまえ，一人一人が抱える課題に個別に対応した指導を行うカウンセリングの双方により，児童の発達を支援すること」と記されています。

　第7章では，子どもの学習活動や学校生活の基盤となる学級という場を豊かにするために，子どもの学びと育ちを支える教師の関わり方や子どもとの関係づくり，子ども一人一人についての理解を深める方法について考えていきます。

7.1　学級集団づくり

　学校教育は，集団での生活を基本としています。学級・ホームルームは，学校における児童生徒の単位組織です。学級は学習の場であるとともに，学校におけるさまざまな活動の基盤となります。よって，教師には，子ども一人ひとりが主体的に自己決定でき，自己実現を図ることのできる人間関係や学級集団をつくることが求められます。

●7.1.1● 学級経営上の課題と基本的人権の保障

　学級の主な役割には，「生命，自然の大切さ，自分の価値の認識」「他者との協働を学ぶ」「一人ひとりの障がいの状況や発達の段階に応じて，その力を伸ばす」「言語能力の育成」等があります（赤坂，2019）。

　しかし，課題として，小学校入学後の「**小1プロブレム**」や，小学校から中学校に移行した際に不登校の児童生徒数や暴力行為の発生件数が増加する「**中1ギャップ**」などがあります。2021（令和3）年度の調査では，小・中・高等学校および特別支援学校における「いじめ」の認知件数は615,351件，小・中・高等学校における「暴力行為」の発生件数は76,441件であり，これらの発生件数は前年度と比較して増加しています（文部科学省，2022）。いじめ問題や暴力行為，不登校など，学校現場における課題を早期に発見するために，教師は広い視野から多面的，総合的に子ども一人一人の理解を深めることが，まずは必要です。

学級経営

「学級経営」という用語の明確な定義はないが，学校教育目標や学年の経営目標に基づいた学級経営目標を設定し，マネジメントの視点を持って運営することが必要である。学級経営の内容には，望ましい人間関係や集団づくり，生徒指導，教室環境の整備，保護者との連携なども含まれる。

小1プロブレム

小学校入学後に，うまく集団になじめない，学級が落ち着かないといった課題がみられることをいう。

また，学級がうまく機能しない状況，いわゆる**学級崩壊**の要因としては，学級担任の指導力不足，子どもの生活や人間関係の変化，家庭および地域社会の教育力の低下などが考えられます。教師には，これまで不易とされてきた資質能力に加え，時代の変化や自らのキャリアステージにおいて求められる資質能力を生涯にわたって学び続けることが強く求められます（中央審議会，2017）。

さらに，2022（令和4年）6月にこども**基本法**が成立し，2023（令和5）年4月から施行されました。こども基本法の目的は，「日本国憲法及び児童の権利に関する条約の精神にのっとり，次代の社会を担う全てのこどもが，生涯にわたる人格形成の基礎を築き，自立した個人としてひとしく健やかに成長することができ，こどもの心身の状況，置かれている環境等にかかわらず，その権利の擁護が図られ，将来にわたって幸福な生活を送ることができる社会の実現を目指して，こども施策を総合的に推進する」ことです。学級経営を行ううえでも，子どもを個人として尊重し，基本的人権を保障し差別的扱いを受けることがないように留意します。

●7.1.2● 学級の雰囲気づくり

小学校では，担任が学習指導と学級経営の双方を担っています。中学校・高等学校になると教科担任制になり，担任と生徒との直接的な関わりは担当教科以外では小学校に比べて少なくなります。しかし，学校種は異なっても，学級・ホームルーム担任の役割は同じであり，学級の雰囲気づくりのためには，学習や生活の基盤となる学級経営の充実を図ることが重要です。

また，学級集団づくりは，学校生活のあらゆる場面において行う必要があります。教師と子ども，子ども同士の関係づくりを通して，豊かな生活が営まれる雰囲気や学級環境を形成していきましょう。

【学級の雰囲気づくりのために】

① 面接などにより一人ひとりを客観的かつ総合的に認識する
　（子ども一人ひとりの実態把握）
② 発達や活動の特性をふまえ，きめ細かい観察を行う
③ 子どもの気持ちを理解しようとする姿勢をもつ
　（子どもとの信頼関係を築く）
④ 一人ひとりの子どもに愛情をもって接する
⑤ 一人ひとりの子どもが存在感を実感できる学級とする
　（支持的な風土づくり）
⑥ 子どもが自己決定できるようにする
⑦ 他の教職員と連携し，開かれた学級経営を行う
⑧ 保護者と子どもに対する指導等について共通理解を図る

不易の資質能力

不易とは，時代に関係なくいつまでも変わらないこと，価値があるもののこと。教師には，いつの時代においても教育的愛情や使命感，責任感，教科・教職に関する専門的知識，実践的指導力，コミュニケーション能力等といった資質能力が求められる。

こども基本法

こども基本法は，こども施策を社会全体で総合的かつ強力に推進していくための包括的な基本法として成立された。こども施策の基本理念のほか，こども大綱の制定やこども等の意見の反映などについて定めている。

●7.1.3● コーチングを用いた学級づくり

コーチングとは，目標達成を支援するプロセスであり，対話を重ねることを通して，クライアントが目標達成に必要なスキルや知識，考え方を備え，行動することを支援するプロセスであると定義されています（コーチ・エィ，2019）。また，コーチングには，自尊感情や自己肯定感を向上させる効果があることも明らかになっており，マンツーマンのメソッドとして，産業領域をはじめ看護・医療など，さまざまな分野で取り入れられています。教育現場においては，個別の支援のみならず，集団に対してもコーチングの技術が活用されています（元田，2018）。

具体的には，「傾聴」「承認」「質問」の3つの技術により，子どもが本来もっている「解決する力」を，教師の問いかけによって，子ども自身で見つけ出すように支援します。教師には，子どもが自ら考え，自ら決断し，自ら行動を起こすことのできるようなコミュニケーションを図る力が求められます。特に，学級集団づくりを行うときは，コーチング技術のひとつである「相手を肯定的に認め，ありのままに受け入れる」という「承認」が重要であり，学級づくりのスタートになります。

●7.1.4● 学びを支える学級づくり──教師のリーダーシップ

三隅（2005）は，リーダーシップは集団現象であり，集団の構造化が進むにつれ，集団は役割関係が組織化されるといいます。リーダーシップ理論には，行動理論や条件適合型理論，コンセプト理論などがあり，経済学分野を中心に研究が行われ，教育分野をはじめ看護管理領域などにおいても発展しています。教師にも，学級経営の充実を図るために，リーダーシップが求められます。では，教師に求められるリーダーシップとは，どのようなものでしょうか。

例えば，ヨーク・バー（York-Barr, J.）とデューク（Duke, K.）は，生徒の学習に関わる教員のリーダーシップの概念について，先行研究のレビュー結果から，生徒の学力向上を目的とした個人または集団に影響を与えるプロセスの概念枠組みを示しています（York-Barr & Duke, 2004）。教師には，教科および学級の雰囲気づくりのエキスパートであることが求められます（**図7-1**）。

また，良いリーダーとなるための「行動」に着目した理論のひとつとして**行動理論**があり，その代表的なものに **PM理論**があります（**図7-2**）。PM理論では，集団機能を，目標達成と課題解決へ志向した機能である課題達成行動（P：Performance function）と，集団における自己保持や集団の維持へ志向した機能としての対人関係行動（M：Maintenance function）の2つに分け，その高低によりリーダーシップを PM型，P型，M型，pm型の4タイプに分類しています（三隅，1964，1965）。課題達成行動（P：Performance）と対人関係行動（M：Maintenance）をバランスよく実践できるリーダーが優れたリーダーだと考えられています（三隅，2005）。なお，学級連帯性，学習意欲，規律厳守要因が最高得点を示し，学校不満要因が最低得点を示す PM型，続いて P型，M型，pm型の順に児童の学校におけるモラールは高くなります。

リーダーシップ
(leadership)
指導者の地位（任務）あるいは指導，指揮，統御，統率のこと。指導力，統率力などと訳される（研究社『リーダーズ英和辞典第3版』より）。

図7-1 生徒の学習に関する教師のリーダーシップ概念図
（York-Barr & Duke, 2004 より。筆者訳）

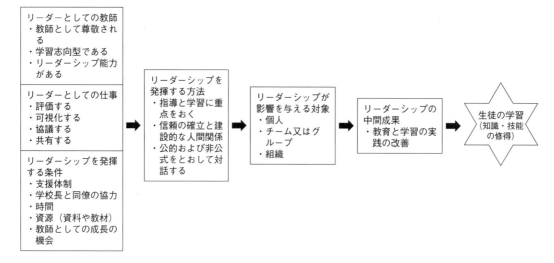

図7-2 PM理論によるリーダーシップの分類

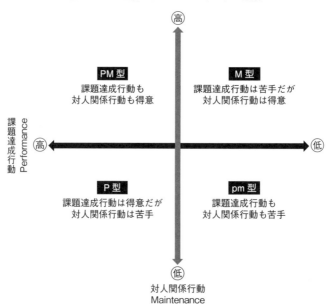

7.2 子どもの理解を深める

　個人の成長と集団の成長とは不可分の関係にありますが，学級集団づくりのためには，個人と集団に分けて指導，援助していくことが効果的です。

　今日，さまざまな困難や課題を抱える子どもが増えており，学校教育において，子ども一人ひとりの可能性を最大限に伸ばしていくことが求められます。ここでは，子どもの学びと育ちを支えるために必要な，子ども理解を深める方法や対人認知について紹介します。

●7.2.1● 認知カウンセリング

認知とは，「物事や事象についての知識を形づくる際にはたらく感覚，知覚，記憶，思考などの心理的機能の総称」（辰野他，2001，p. 316）であり，外界を知るための活動といえます。また，知覚や記憶，学習，言語処理，推論，問題解決などは，人間の知的な作用あるいは機能として，情緒や性格などの情意的な機能と比較して用いられています。これらの知的な機能は，発達によって変化します。

学習や理解などの認知的問題に対して，面接を通じて相談・指導を行う実践的研究活動を**認知カウンセリング**といいます。個人面接という状況を生かして，「動機づけ」「メタ理解（自己の理解度の把握や学習方法）」「認知構造（スキーマ，メンタルモデル，誤概念）」「必要知識の欠如」といった側面から学習者の状態を診断し，認知的問題の解決を共感的に援助することをめざします（奥田・河野，1994，p. 391）。

また，教師がある児童生徒に特定の期待を持って接していると，その児童生徒は教師の期待する方向に伸びていくという現象「**ピグマリオン効果（教師期待効果）**」が見られます。教師は，自身が子どもに与える影響を意識し，指導・援助していきましょう。

ピグマリオン効果

アメリカの教育心理学者ローゼンタール（Rosenthal, R.）が提唱した心理的行動のひとつで，「教師期待効果」とも呼ばれる。なお，ピグマリオン効果については，さまざまな見解がある。

●7.2.2● ソシオメトリック・テスト

アメリカの精神学者モレノ（Moreno, J. L.）によって創設された人間関係とその量的測定に関する理論（sociometry）では，人間の本質は行為の自発性と創造性にあり，人間はそれらの相互作用のなかで成長すると考えられています（奥田・河野，1994，p. 536）。

人の存在状況を人間関係のなかでとらえるための測定方法のひとつに，**ソシオメトリック・テスト**があります（奥田・河野，1994，p. 536）。一般的なソシオメトリック・テストでは，質問紙を用い，一定の集団における成員たちの牽引（選択するか）と反発（排除するか）を調査します。この調査により，教師は児童生徒の社会的存在の姿を客観的に把握できます。子どもたちの気持ちに十分配慮をしつつ，調査結果を学級集団づくりや学級経営に活用することもひとつの方法です。

ソシオメトリック・テスト

ソシオメトリック・テストの結果から，集団内の人間関係を「牽引（選択）」「反発（排除）」「無関心」の3つに分類することができる。分類の具体的方法として，ソシオマトリックスを作成する（表の縦と横に同じ順番で集団の構成員を記載し「牽引＝○」「反発＝×」でテスト結果を示す）方法がある。ソシオマトリックスにより，多くの人から牽引（選択）された者，多くの人から反発（排除）された者，牽引も排除もされない「無関心」の者を視覚化，数値化により把握できる。

【ソシオメトリック・テストの具体的方法】

① 実践的基準を設定する：（例）グループ編成
② 質問紙を準備する：友達の名前を記載する欄と理由を記述する欄を設ける
　（例文）グループ編成
「調べ学習のために，5〜6人のグループを作ります。誰と一緒のグループになりたいのか，誰と一緒になりたくないのか，それぞれの理由を含めてお友達の名前を書いてください」
③ 調査結果を学級経営に生かす

7.3　仲間との関わりのなかで学ぶ

　人は生まれたときから，自分を中心とした社会的関係のなかにいます。幼児期は，親と子（自分）という小さな人間関係ですが，発達とともに社会的関係，人間関係も広がります。子どもは自らの経験をもとにして，身近な人や自然といった周囲の環境に働きかけ，環境との相互作用を通じながら新たな能力を獲得していきます。

　発達とともに，発達段階にふさわしい生活や活動，自分自身の社会的役割を認識し，自分に関する事柄を自分で処理することを学び，自律性を高めていくことが必要です。そのためには，属する社会の風習，道徳などの文化的規範も含め，子どもの発達段階に応じた支援が大切になります。

●7.3.1●　相互理解を促す

　乳児期における保護者や特定の大人との情緒的な関わりを通して育まれた愛着の形成や，人に対する基本的信頼感の獲得を基盤として，幼児期には，遊びを通した子ども同士の体験活動により，自己の発揮と他者の受容を経験できるように支援していきます。

　小学校低学年の時期は，まだ幼児期の特徴が残っています。小学校1年生では並行的行動が主であり，協同的な集団行動は見られません。完全な協同が行われるようになるのは，3年生以降だと考えられます（辰野他，2001，p.282）。いうまでもなく学級集団のなかにおいても，身体的発達，情緒的発達，知的発達，社会性の発達などは相互に関連しており，学級の構造は子どもの発達とともに変化します。学童期には，周りの子どもたちとの人間関係を構築できるように支援していくことが求められます。

●7.3.2●　ギャング・エイジ

　小学校4年生になると学級としての集団活動が活発になり，徒党を組んで遊ぶようになります。この時代をギャング・エイジ（gang age）と呼びます。集団は一定の目的と秩序を持ち，その成員である子どもにはそれぞれの役割があります。徒党を組むということは，集団意識が発生した証明であり，子どもたちは集団として共同の目標に向かって力を合わせることができるようになります。また，役割遂行や相互協力などを通して，社会性の発達が促されるという重要な面があります。

ギャング・エイジ
小学校中学年から中学校時代にかけては，児童期から青年期への過渡期にあり，親や教師など大人の統制の及ばないところで，子どもたちは仲間と自発的に組織的な集団を形成する。この集団は，メンバーが固定的で仲間との団結の絆が強く，閉鎖的な性格を持ち，ギャング（gang）と呼ばれるところから，ギャング集団の時期という意味でギャング・エイジと言われるようになった。
（奥田・河野，1994, p.142.）

7.4　「主体的・対話的で深い学び」の実現

　今日，思考力・判断力・表現力や学びに向かう力などの習得の重要性が指摘されています。教師は「主体的・対話的で深い学び」を実現し，学びの動機づけや幅広い資質・能力の育成に向けた取り組み，授業改善により，家庭の経済事情等に左右されることなく，子どもたちに必要な力を育んでいくことが求められてい

ます（中央教育審議会，2021）。

　さらに，子ども一人ひとりが自立した学習者として学び続けていくために，学校教育においては，子どもがICTも活用して自ら調整しながら学んでいくことができるように，「個に応じた指導」を充実することも必要です。個に応じた指導とは，教師が支援の必要な子どもに重点的な指導を行ったり，子どもの特性や学習進度，学習達成等に応じ，指導方法・教材や学習時間等の柔軟な提供・設定を行ったりすることをいいます（文部科学省，2021）。

━ WORK

■ **考えを深めるために**

教師に求められるリーダーシップとは，どのようなものでしょうか。子どもの学習活動や学生生活の基盤となる望ましい学級経営をするために，教師としてどのようなリーダーシップを図ればよいか，子どもの発達段階別，学年別に考えてみましょう。

引用・参考文献

赤坂真二（2019）．学級経営の意味と課題　日本学級経営学会誌, *1*, 1-4.

中央教育審議会（2016）．幼稚園, 小学校, 中学校, 高等学校及び特別支援学校の学習指導要領等の改善及び必要な方策等について（答申）（平成 28 年 12 月 21 日）.

中央教育審議会（2017）．これからの学校教育を担う教員の資質能力の向上について──学び合い, 高め合う教員養成コミュニティの構築にむけて──（答申）（平成 27 年 12 月 21 日）, 9-10.

中央教育審議会（2021）．「令和の日本型学校教育」の構築を目指して──全ての子供たちの可能性を引き出す, 個別最適な学びと, 協働的な学びの実現──（答申）（令和 3 年 1 月 26 日）.

コーチ・エィ（著）鈴木義幸（監修）（2009）．新版コーチングの基本（pp. 14-17）日本実業出版社

三隅二不二（1964）．教育と産業におけるリーダーシップ構造──機能の研究──　教育心理学年報, *4*, 83-106.

三隅二不二（1965）．組織体におけるリーダーシップの構造──機能に関する実験的研究──　教育学部紀要養育心理学部門, *9*(1), 1-13.

三隅二不二（2005）．リーダーシップ行動の科学 改訂版（オンデマンド版）　有斐閣

文部科学省初等中等教育局教育課程課（2021）．学習指導要領の趣旨の現実に向けた個別最適な学びと協同的な学びの一体的な充実に関する参考資料（令和 3 年 3 月版）（pp. 7-8）　https://www.mext.go.jp/content/210330-mxt_kyoiku01-000013731_09.pdf

文部科学省初等中等教育局児童生徒課（2022）．令和 3 年度 児童生徒の問題行動・不登校等生徒指導上の諸課題に関する調査結果について（令和 4 年 10 月 27 日）　https://www.mext.go.jp/content/20221021-mxt_jidou02-100002753_1.pdf（2023.8.5 参照）

元田暁輝（2018）．教育現場におけるコーチングの活用　崇城大学紀要, *43*, 67-73.

奥田真丈, 河野重男（監）（1994）．現代学校教育大辞典 5　ぎょうせい

辰野千寿・高野清純・加藤隆勝・福沢周亮（編）（2001）．多項目教育心理学辞典　教育出版

York-Barr, J., & Duke, K.（2004）. What do we know about teacher leadership? Findings from two decades of scholarship. *Review of Educational Research, 74*(3), 255-316.

コラム　体当たり養護教諭

　養護教諭と聞いたら「保健室にいる先生」を一番にイメージすると思います。私も学生の頃はそう思っていましたが，小学校に勤務した2年間で大きく変化しました。今回はエネルギッシュな子どもたちとの関わりについて少しお話します。

　朝に出勤すると，私はすぐに児童玄関へ向かい，登校してくる子どもたちの様子を見守るようにしていました。ほとんどの子はあいさつをして，すんなりと教室に向かいますが，なかには兄弟喧嘩が始まったり，花壇に長靴で入った子が抜けられなくなっていたりと，毎日何かしら起こっていました。子どもたちの発想力と喜怒哀楽の表現力には毎回驚かされますが，その素直さが可愛らしいなと思える瞬間でもありました。

　そこからあっという間に時間が過ぎ，給食を食べ終わってほっと椅子に座った瞬間。視線を感じて振り返ると，帽子を被った子どもたちがこちらを見つめています。つぶらな瞳で私を運動場に誘っているのです。鬼ごっこやドッジボール，ケイドロが運動場一面で各々に始まると，私も負けじと必死で逃げるのですが，子どもたちの勢いには勝てません。毎日笑顔で走り回る子どもたちと，前日の筋肉痛に耐えて歩く自分との年の差をひしひしと感じました。

　一輪車の練習では，私の目の前でいろいろな技を披露してくれる上級生と，それを羨ましそうに見ながら，ひとまずサドルを跨ぐ下級生の姿が微笑ましい光景でした。お互いに刺激し合って挑戦し，目標を達成していく子どもたちには何度も励まされました。

　保健室での関わりを通して子どもたちの心身の変化に目を向けることはもちろん，ふだんの何気ない会話や交流をきっかけに見つける成長もたくさんあります。来室者対応や保健事務のほかにも，給食担当や行事ごとの写真撮影などをしながら子どもたちとの関わりを大切にしてきた2年間。気づけば「保健室の先生」ではなく「平木先生」と呼ばれるようになり，自分がこれまで向き合ってきた姿勢を子どもたちに認められたような気がしました。

　保健室を越えてつながってくれた子どもたちには心から感謝しています。

（平木麻里）

第8章

問題行動と心理的支援
一人ひとりに寄り添う

　2022年の文部科学省の調査*によると，通常の学級に在籍し，特別な教育的支援を必要とする児童生徒の割合は8.8%に上るとの報告が出されました（文部科学省，2022）。通常学級にはさまざまな背景をもつ子どもが多数いますので（後述する貧困や虐待，外国籍など），この数値は発達障がいのある児童生徒の割合と同等というわけではありませんが，発達障がいの子どもも多数含まれていると考えられます。つまり，発達障がいは，珍しいケースではなく，私たちが教育現場で関わる可能性がある重要なテーマといえます。発達障がいについて理解を深めることは，将来の教育現場での仕事に役立つばかりか，発達障がいの子どもたちへの支援にも役立つでしょう。

　ちなみに，「発達障がい」という言葉は，子どもの障がい全般を指すと考える人もいますが，一般的には**学習障がい（LD），注意欠陥多動性障がい（ADHD），自閉症スペクトラム障がい（ASD）**を指すことが多いです。ただし，状況によっては知的障がいも含まれることがあります。したがって，発達障がいの定義については，資料ごとに確認することが大切です。また，症状が緩和する場合もありますが，一般的には発達障がいの症状は生涯にわたって続くことがほとんどです。そのため，「大人の発達障がい」という概念も不思議ではありません。成長とともに症状は変化しますが，大人や高齢者のなかにも発達障がいのある人が存在します。

　第8章では教育現場を対象に，主に学童期のLD，ADHD，ASDに焦点を当てて説明します。また，発達障がい以外の「特別な配慮が必要な子ども」として，貧困や虐待，外国籍の子どもたちの問題も考慮し，多様な子どもたちの状況について理解していきたいと思います。

*文部科学省，2022の調査：通常の学級にいる児童生徒のうち，質問項目に対して学級担任等が回答した内容から，知的発達に遅れはないものの学習面や行動面で著しい困難を示すとされた児童生徒の割合を推定している調査である。

8.1　学習障がい：LDについて

●8.1.1●　定義

（1）症状

　文科省から出された教育的定義は以下の通りです。

　「学習障害とは，基本的には全般的な知的発達に遅れはないが，聞く，話す，読む，書く，計算するまたは推論する能力のうち特定のものの習得と使用に著しい困難を示すさまざまな状態を示すものである。」（文部科学省，1999）

　ここに示されている「**聞く**」「**話す**」「**読む**」「**書く**」というのは，学習を支える言語活動であり（**図8-1**），これらの領域の一部または全体に問題があると，当然学習にも支障が出ます。幼児期においては，読むや書くといった能力は測れな

LDの医学的基準
医学的基準であるDSM-5（American Psychiatric Association, 2014）には，限局性学習障害（SLD）という呼び名で，「読みの障がい」と「書きの障がい」と「算数障がい」の3つの障がいが記載されている。算数障がいは日本では現状把握のための調査が始まったばかりであり，その状態像は不明なことが多い。

LD と IQ

知能指数（IQ）の平均は100だが，15の幅をとり85〜115が正常範囲となる。70以下は知能障がい，その間の71〜84は境界域知能と呼ばれる。LD児はIQ85以上を示す。

音（オン）

物理的な音（オト）として区別し，音（オン）とよぶ。音声器官によって発せられ，言語に使用される場合に使う言い方である（安村，2018）。以降，この章では「音」の表記は"オン"を表す。

読むことの過程

読むことには大別すると2つの過程がある（Gough & Tunner, 1986）。ひとつは「文字を音に直す過程」（decoding）というもので，声に出すと音読という作業になる。そしてもうひとつは「読んだものを理解する読解」（comprehension）という過程である。decodingは特に幼児や小学校低学年といった初期の学習者に求められるものである。また初期の学習者は文字を音に変換することで意味理解につなげていく（シェイウィッツ，2006）。また，読めなかったら当然書きにもつまずきを示すため，読みの問題と書きの問題はリンクしていることが多い。読解能力は学年が上がれば上がるほど必要な能力であり，読解能力は国語だけでなく他の教科にも及ぶ。よって，読むことへの支援は早ければ早いほどよいし，その効果は教科学習全体に及ぶ。

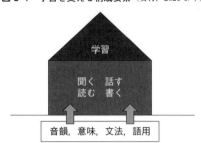

図8-1　学習を支える構成要素（安村，2021より）

いため，聞いたり話したりといった分野でのつまずきが主となります。そして学童期において，読むことや書くことの困難さもプラスされ，教科学習を妨げてしまいます。具体的には，教科書の内容や先生の話が理解できない，相手に伝わるように説明ができない，文字が読めない，書けないといった現象が現れます。つまずきは特に国語で大きく，対照的に算数は国語よりも成績が良いケースが多々あります。LDの不思議な点は全般的な知的発達に遅れがないにもかかわらず，こうした問題が出る点にあると言えるでしょう。

(2) 原因

　では，LDの原因は何なのでしょうか。LDの原因としては，聞く・話す・読む・書くことを支える言語の4つの構成要素におけるつまずきが指摘されています（図8-1）。4つの構成要素とは，「音韻能力」「意味能力」「文法能力」「語用能力」を指します（竹田・里見，2003）。ひとつずつ説明すると，「音韻能力」とは言葉を意味ではなく音（オン）としてとらえる能力を指し，例えば「たぬき」という言葉が3つの音から成っているとか，始めの音は「た」と認識できるといった力を指します。「意味能力」とは「たぬき」を例に取ると，動物だとか，山に住んでいるとか，具体的な風貌を思い描ける力を指します。「文法能力」は助詞や構文といったものであり，「語用能力」とは文脈や状況によって言葉の意味を判断したり使用できる能力を指します。例えば「たぬき」という言葉を聞いて，3つの意味（動物，うどん，ずる賢い）を状況から推測して，そこで使用された「たぬき」の意味を判断するような力を指します。

　読みの問題はLDの中核症状とも言え，研究も盛んに行われています。このうち，読む力（特に**decoding**：文字と音との対応）と「音韻能力」が関連するという研究は欧米を中心に1970年代より盛んになされており，読み障がいのある子は音韻の諸課題につまずくことが多くの研究によって示されています（Mody, 2003）。具体的には，言葉を逆さまに言う課題や，音を1つ抜かして言う課題（例：「くるま」から，"く"を取る）が苦手だったり，似た音の区別がつきにくいなどがあります。このdecodingにつまずくケースを特に**dyslexia（ディスレキシア：読字障がい）**と呼び，テレビの特集などで目にしたことがある人もいるかもしれません。

　また，もうひとつの読む力である**読解**には言葉の「意味能力」が大きく関係することがわかっており，読解に問題のある子どもは，言葉の意味を理解する課題につまずいたり語彙力が乏しかったりすることがわかっています（National Reading Panel, 2000）。

　なお，LD 研究先進国のアメリカにおいて，1970 年代までは，LD の問題は「文字が正しく判断できないから読めないのだ」という視覚的能力が原因ととらえられていましたが，1980 年代以降は言葉の発達の問題としてとらえられるようになっています（シェイウィッツ，2006）。日本ではまだまだ LD 児の発見が遅く，指導を受ける機会も少ないですが，読む力（特に decoding）をつけるために単に何度も音読させるだけでなく，その背景要因である音韻の側面からアプローチする動きも出てきています。例えば，1 年生の国語の教科書を見ると，"おじいさん"や"おばあさん"といった特殊音節を扱う項になると，手で拍を取らせるなど言葉の音を意識させる活動が含まれています（秋田，2021）。

手で拍をとらせる
音韻処理能力のなかでも，特別に「音韻意識（phonological awareness）」と呼ばれる。

●8.1.2● LD の状態像

　もう少し詳しく状態像を見ていきましょう。まず，decoding が苦手な子の場合，音読させるとたどたどしく，棒読みで，読む速度が遅いなどがあります。特に特殊音節の読みや書きが困難です（図 8-2）。というのも，特殊音節は清音と異なり，文字と音との対応関係が一対一でなくなり，言葉の音をよく意識しないといけません。そのほか，大まかには読めているものの，それは単に記憶したものを言っているだけのこともあり，よく聞いてみるとちょこちょこ間違いが目立ちます。これは，おそらく教室等で他の子が音読するものを聞いて覚えていて，自分が音読の際にはそれを諳んじているものと考えられます。記憶ができるということは，LD が知的障がいとは違うことのひとつの現れでもあります。そのほか，音を頼りにする九九が苦手だったり，辞書を引くのが苦手なこともあります。

　一方，decoding に問題がないのに読解につまずく子は，音読はすらすらとできていますが，内容の把握ができていないことが多々あります。語彙が少ない，語彙の意味をとらえるのが苦手，似た言葉の使用を間違う（例：「行列」と「大勢」），文同士の関連性を把握するのが苦手などの症状もあります（安村，2021）。これらの能力が総合的に求められる作文には特に困難さを示します。

　起こりうる心理的問題としては，「勉強に対する拒否感が生じること」「無力感を抱いてしまうこと」などが挙げられます。また，知的な能力やメタ認知（自分を客観的に見る力）には問題がないため，勉強ができないことを早く察知し，「『自分は頭が悪いのではないか？』と低学年の頃から人知れず悩み，高ストレスにさらされたり，不登校や生きづらさを示すこと」などが考えられます。

LD のその他の症状
その他の症状として，日常会話において，ものの名前が覚えにくいことがある。とくに，固有名詞や使用頻度の低いもので顕著になる。例えば，スパゲッティのことを，「この間，レストランで食べた，赤くて長くてにょろにょろしたやつ」などと説明するなど（原，2019），話すことにも一部影響がある。幼児期ではこうした話し言葉の問題に着目することで発見につながることがある。

図 8-2　小学校 5 年生，男児（dyslexia タイプ）の書き取り（浦，2010 より）

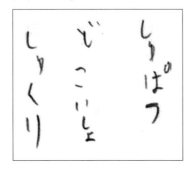

●8.1.3● 支　援

　学習障がい児の支援にあたってポイントとなる点は，LD児は知的能力に問題がないにもかかわらず，通常の方法では学習に難しさを感じ，内容をマスターできないという点です。つまり，通常のアプローチではなく別の方法を試すことで習得の可能性があるということです。具体的には，個々人のつまずきに合わせて指導方法を調整することが求められます。ただし，無計画に行うのではなく，まずは効果的な指導法や理論に基づいてアプローチし，その後に個別の児童に合わせて調整することが重要です。現在，かなdecodingに関する研究成果が豊富に存在するため，以下ではその指導法について述べていきます。次に，読解につまずきを示す子どもの指導法についても述べます。

（1）decoding（文字と音との対応）の指導法

　原因は，前述のように音韻処理能力の問題が背景にあります。言葉を意味としてではなく，音としてとらえて処理する能力に欠陥があるのです。指導法としては，彼らの弱点に着目し，「音韻処理能力を向上させる指導法」と，彼らの強みを活かした「意味能力を用いた指導法」の両方が効果的とされています。以下，それぞれの指導法を紹介します。

◆音韻処理能力に働きかける指導法（表8-1）

　お気づきのように，言葉の音を意識させる練習です。有意味語（意味のある言葉）だけでなく，無意味語でも行うとよいでしょう。

表8-1　音韻処理能力に働きかける指導法（浦ら，2010より一部引用）

指導内容	例
2つの言葉が同じか違うか聞いて判断させる	「からす」と「たらす」の音声を聞かせる。そして，「2つの言葉は同じでしょうか？　違うでしょうか？」と問う
特定の位置の音を判断させる	「からす」の一番目の音は何でしょう？
特定の位置の音を取らせる	「からす」から「か」を取ると残りは何でしょう？
言葉を反対から言わせる	「からす」を反対から言うと何でしょう？

◆意味理解を用いた指導法

　dyslexiaタイプでは，意味理解に問題がないことが多いので，彼らの強い意味理解を活用し，decodingの弱さを補うという発想に基づいています。具体的には有意味語と絵を用いて行います（図8-3）。

図8-3　意味理解の指導法

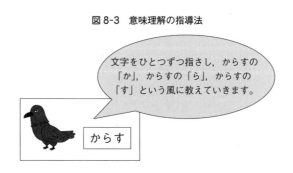

慣れてきたら絵を取り単語のみで読ませ，その次には文字をバラバラに1文字ずつ呈示して読む練習を行います。この方法はキーワード法（この場合，「からす」がキーワード）（大石，1984）や，上位レベルの意味理解を活用するため，トップダウン式指導法（浦ら，2010）とも呼ばれます。

最後に，decoding の目的が「decoding を通じて読まれた文字や文章の意味が理解でき，読んだものから情報を得ることだ」ということを忘れないようにしましょう。よって，decoding の指導に加えて読んだ内容の理解を確認することも重要です（安藤，2019）。

(2) 読解に問題のある子どもの指導法

読解につまずきのある子どもは意味理解に問題があることを述べました。よって，「言葉（語彙）」の意味を説明させたり，その言葉を使って例文を作成させる課題を出すのがよいでしょう（浦ら，2010）。また，登場人物について質問したり，話の内容全体に関する問いかけをしたり，なぜその人物が特定の行動をとったのかの理由を尋ねたりすることも有益です。もし子どもが言葉の意味を説明できない場合は，簡単な言葉に置き換えたり（例：「獲得する」や「会得する」という言葉の意味がわからない場合は，「手に入れる」や「ゲットする」などというように），例文を思いつかない場合は，支援者がその言葉が日常生活でどのように使用されるかを具体的に示すとよいでしょう（浦ら，2010）。

重要なのは，先生と，また親子でコミュニケーションをとりながら取り組むことです（田中，2017；安村，2021）。学習障がいの問題は個別対応が不可欠であり，そのようなアプローチが伸びにつながることとなります。

8.2　自閉症スペクトラム障がい：ASD について

●8.2.1●　定 義

診断に用いられる DSM-5（American Psychiatric Association, 2014）では，「社会的コミュニケーションの障がい」と「限定された反復的な行動様式」がある場合に，診断が下されます。「社会的コミュニケーションの障がい」の例としては，通常の会話のやりとりができないこと，他者と興味や情動や感情を共有することの少なさ，想像遊びや他者との友情形成の難しさ，またそれに対する興味の乏しさなどが挙げられます。「限定された反復的な行動様式」の例としては，おもちゃを一列に並べる，柔軟な思考が難しい，同じ食べ物を好んで摂るなど，習慣に固執することが挙げられます。さらに，刺激に対する感受性の高さと鈍感さの両方が見られることもあります。また，診断に含まれていませんが，体の協調性や手先の器用さに関する問題も多く見受けられます。

ちなみに，コミュニケーションの問題と聞くと，言語能力の遅れを思い浮かべる方もいるかもしれませんが，定義で言われているのは非言語能力に関するものです。いわゆる，目線や身振り手振り，顔の表情といったもので，私たちはこうした能力も用いながらコミュニケーションを行っています。ASD 児はこれらのものの使用や理解に困難を持ちます。ASD 児の言語の能力そのものについては

低い子どもから高い子どもまで幅広く存在します。また，先に記した主な症状（「社会的コミュニケーションの障がい」と「限定された反復的な行動様式」）の程度や知的障がいとの併存には個人差があり，症状の現れ方も多様です。

　発生し得る心理的問題としては，以下のようなものが考えられます。

- 新しい環境や状況に適応しにくく，通常と異なる出来事があると，不安やパニックを引き起こすこと。
- 異なる行動をとることにより，他人から浮いた存在となり，からかいやいじめの標的になること。その結果，学校への不登校や社会的な孤立，鬱やパニック障がいといった二次的な問題を抱え込むこと。

●8.2.2●　支　援

　学校や保育園などの現場で留意すべき点は，以下の通りです。

- 視覚的な情報に強い傾向があるため，何かを伝える際は，絵や写真，図，文字を用いて情報を「視覚化」することが重要です。
- 情報を「構造化」することが大切です。全体像を理解し，関連性を明確に整理する手法です。
- 一日の流れをできるだけ一貫して行うことが好ましいですが，予期せぬ変更がある場合は事前に伝えるように心がけましょう。
- 一部の児童には聴覚過敏が見られることがあるため，指導や注意を必要とする場合，声のトーンにも注意を払うことが重要です。声を荒げて指導すると，児童の注意が逸れてしまい，指導内容が十分に伝わらない可能性があります。なるべく冷静なトーンで指導するよう心がけましょう。
- いじめやからかいを受ける割合が高いとされるため，大人たちの断固とした態度が求められます。

8.3　注意欠陥多動性障がい：ADHD について

●8.3.1●　症　状

（1）主な症状

　ADHD の主な症状は「**不注意**」「**多動**」「**衝動**」の3つであり，これらの症状が少なくとも2つ以上の状況（学校と家庭など）で見られる障がいです（日本イーライリリー，2009）。

　「不注意」に関する症状としては，集中が続かず，特に長い話や興味のないことになると気が散ってしまい，最後まで集中が持続しません。外部からの刺激に敏感で注意が散漫になる傾向があります。また，注意力の維持や時間の管理が難しく，締切を守ることができないことがあります。忘れ物や紛失が多く，日常生活で物を探すことが頻繁に起こります。成人の場合，お金の支払いを忘れたり，計画なしにお金を使いすぎたりすることがあります。

　「多動性」に関する症状としては，長時間座っていることが難しく，座っていても体の一部が動いてしまいます。成人になると，おしゃべりが多くなることもあります。

「衝動性」に関する症状としては，順番を待てない，突然の衝動的な行動をとる，質問が終わる前に答えてしまうなどの特徴があります。

これらの症状は一般的に誰でも経験することがありますが，ADHD の場合，症状が複数あり（診断では6つ以上），長期間（診断では6か月以上）継続し，さまざまな状況で見られることが特徴です。最近はインターネットなどで手軽に情報を得ることができるため，多少の不注意や多動があるだけで「うちの子も ADHD かもしれない」と考える親が増えています。しかし，診断をするには特定の基準を満たす必要があり，症状の程度や継続期間が重要です。

ADHD のタイプとしては，不注意が顕著なタイプ（**不注意優勢型**），多動衝動が顕著なタイプ（**多動衝動優勢型**），そして不注意と多動衝動の両方がみられる混合型の3つに分類されます。混合型が最も一般的で，全体の8割を占めています（日本イーライリリー，2009）。

ADHD タイプの別名
ADHD のことを「のび太・ジャイアン症候群」として，不注意優勢型をのび太型，多動衝動性優勢型をジャイアン型と称する本もある（司馬，2008）。

（2）原因と発生する問題

ADHD の原因としては，**前頭前野**の機能低下が指摘されています。前頭前野は，目標を設定し，計画を立て，論理的順序だった効率的行動を起こすといった高次な機能をつかさどっている部分といわれます（森，2015）。前頭前野の機能を改善するために，薬物療法が使われることもありますが，薬物療法は支援と併用することが重要であり，薬物を単独で使用するよりも効果的とされています。

起こりうる心理的問題としては，以下のようなことが挙げられます。

- 順番を待てない，離席するなどの症状に対して，「性格の問題」や「努力不足」と誤解され，叱責や否定的な評価を受けること。そのため，自己評価が低下し，自尊心が低くなる可能性があること。
- 教員や仲間とのトラブルによってクラスで孤立することが多く，叱責が積み重なると反抗的で挑発的な行動を示すこと。また，情緒的な問題や不安定な気分を抱えること。このような問題は鬱やパニック障がいなどの二次的な障がいを引き起こす可能性があること。

●8.3.2● 支　援

（1）支援①：エネルギーの発散

多動や衝動のある子どもたちは，本来エネルギーが豊富だと言われています。活動を始める前に，遊びや運動などで余分なエネルギーを発散させることで，後の集中的な活動に向けて準備を整えることができます。さらに，一斉活動の途中でも「動くことを許可」することで，彼らが動ける状況を用意しましょう。例えば，「今よく聞いてくれたから，1回教室をぐるっと走ってみよう。そして，また戻ってきて集中しよう」といったアプローチが効果的です。

運動を行うことは，集中力を高める助けになることが研究から明らかにされており，これは ADHD だけでなく，一般的な発達段階にある子どもたちにも適用される有益な方法とされています（ハンセン，2020）。

（2）支援②：集中できる環境づくり

多くの刺激に敏感なため，学習環境をできるだけシンプルに整えることが重要です。部屋に不必要な物を置かず，子どもたちの気を散らす要因を減らしましょ

う。また，席の配置も考慮することが大切です。先生の近くに座ることでサポートを受けやすくする一方，その際には「特別な扱い」というイメージを周囲の子どもたちに持たせないように心がけましょう。先生としては，子どもたちが成長する過程で特別なサポートが必要な時期であることを理解し，そのサポートを提供する姿勢を示すことが大切です。同時に，周りの子どもたちにも配慮を払い，互いに理解と尊重の気持ちを育む環境づくりを心掛けましょう。

（3）　支援③：見通しを持たせる

長時間の集中が難しいため，大きな課題をいくつかのセクションに分けて取り組ませることが効果的です。具体的な方法としては，以下のようなアプローチが考えられます。

- 全体の内容やできあがりを示しておく。
- 順序や進行の流れをわかりやすく説明する。
- タイムキーパーを用いながら制限時間を設ける（例：「あと何秒だよ」「今，どのくらい進んでるかわかる？」「これを終えたら次だよ」）。

（4）　支援④：失敗の機会を減らす

ADHD の特性が原因で起こる失敗を極力減少させることは，サポートの一環です。同時に，小さなミスに対して寛容な態度を示すことが大切です。こうすることで，子どもたちは自己肯定感が向上し，自信を持つことができます。活動を始める前に流れやルールを確認することや，禁止事項を視覚的に提示すること（例：「×」マークを使って開けてはいけない場所を示す）などが役立ちます。成功した際にはたくさんほめてあげましょう。

また，ADHD の当事者の声を活用することもひとつの方法です。彼らが提案する具体的な対応方法に耳を傾けることで，より適切な支援策を見つけ出すことができます。

ADHD 当事者の声
例えば，『ボクはじっとできない——自分で解決策をみつけた ADHD の男の子のはなし——』（エシャム，2014）などが参考になる。

8.4　特別な配慮を要する子ども

貧困家庭や虐待を受けている子ども，外国籍の子どもなどが在籍する学校において，適切な対応が求められます（文部科学省，2000，2014，2019）。地域によって異なる場合もありますが，一般的な方針や施策，提言について以下に述べたいと思います。

まず，サポート体制の充実が重要です。学校は，子どもたちが安全で快適な環境で学べるように，心身の健康と安全をサポートする体制を整える必要があります。学校カウンセラーやソーシャルワーカーの配置が十分であり，心理的なサポートがいつでも受けられることが望ましいです。

虐待や貧困への対応も大切です。学校は，虐待の兆候や貧困の影響を受けている子どもたちを早期に発見できる立ち位置にあります。そのためには，研修を通じて，虐待の兆候や貧困に関する知識を高めておくことが必要です。

多文化・多言語対応も考慮すべきポイントです。外国籍の子どもたちが在籍する場合，彼らの言語や文化に敏感な対応が求められます。また，多様な背景を持つ子どもたちが共に学ぶ場合，いじめや差別の問題が発生する可能性があります。

学校は，いじめ対策を強化し，すべての生徒が尊重される環境を実現するための取り組みを行う必要があります。

　最後に，家庭との連携も大切です。貧困家庭や虐待の影響を受けている子どもたちの家庭と連携を図ることが大切です。特に虐待の場合は，学校全体で，また他機関との協力体制が求められます。

— WORK

■ 考えを深めるために

発達障がいの子どもたちへ支援をすることによって，クラス全体や発達障がいを持たない子どもたちにもどんな良い影響が及ぶと思われますか？

引用・参考文献

秋田喜代美ら（2021）．あたらしいこくご 上（pp. 68-69）　光村図書

ハンセン，A.　久山葉子（訳）（2020）．スマホ脳（p. 207「運動というスマートな対抗策」）　新潮社

American Psychiatric Association　高橋三郎・大野　裕（監訳）（2014）．DSM-5 精神疾患の分類と診断の手引き　医学書院

安藤籌子（2019）．第 3 章 結果の解釈　加藤醇子・安藤籌子・原惠子・縄手雅彦（著）読み書き困難児のための音読・音韻処理能力簡易スクリーニング検査（p. 34）　図書文化

エシャム，B.　品川裕香（訳）（2014）．ボクはじっとできない――自分で解決法をみつけた ADHD の男の子のはなし――　岩崎書店

Gough, P. B., Tunner, W. E.（1986）. Decoding reading and reading disability. *Remedial and Special Education, 7*, 6-10.

原惠子（2019）．第 1 章 音読・音韻アセスメントの必要性　加藤醇子・安藤籌子・原惠子・縄手雅彦（著）読み書き困難児のための音読・音韻処理能力簡易スクリーニング検査（p. 12）　図書文化

Mody, M.（2003）. Phonological basis in reading disability: A review and analysis of the evidence. *Reading and Writing, 16*, 21-39.

文部科学省（1999）．学習障害児に対する指導について（報告）　https://www.mext.go.jp/a_menu/shotou/tokubetu/material/002.htm

文部科学省（2000）．学校・教育委員会等向け虐待対応の手引き　https://www.mext.go.jp/a_menu/shotou/seitoshidou/1416474.htm

文部科学省（2014）．文部科学省における 子供の貧困対策の総合的な推進　https://www.mext.go.jp/b_menu/shingi/chukyo/.../1352204_3_3.pdf

文部科学省（2019）．外国人児童生徒受入れの手引き　https://www.mext.go.jp/a_menu/shotou/clarinet/002/1304668.htm

文部科学省（2022）．通常の学級に在籍する特別な教育的支援を必要とする児童生徒に関する調査結果（令和 4 年）について　https://www.mext.go.jp/b_menu/houdou/2022/1421569_00005.htm

森　慶子（2015）．「絵本の読み聞かせ」の効果の脳科学的分析――NIRS による黙読時，音読時との比較・分析――　読書科学，*56*(2)，89-100.

National Reading Panel（2000）. *Report of the National Reading Panel, National Institute of Child Health and Human Development*. NIH Publication No. 00-4769, U.S. Government Printing Office, Washington DC.

日本イーライリリー株式会社（2009）．ADHD の症状・特徴　齊藤万比古・宮本信也・小枝達也（監修）ADHD をご存じですか（p. 3）

大石敬子（1984）．小児の読み書き障害の 1 例　失語症研究，*4*(2)，683-693.

シェイウィッツ，S.　加藤醇子（医学監修）藤田あきよ（訳）（2006）．頭がいいのに読めない人がいるのはなぜ？　読み書き障害（ディスレクシア）のすべて――頭はいいのに，本が読めない――（p. 52, p. 58）　PHP 研究所

司馬理英子（2001）．のび太・ジャイアン症候群 3 ――ADHD 子どもが輝く親と教師の接し方――　主婦の友社

竹田契一・里見恵子（2003）．インリアルアプローチ（p. 27）　日本文化科学社

田中裕美子（2017）．言語学習障害　岩立志津夫・小椋たみ子（編）よくわかる言語発達（p. 161）　ミネルヴァ書房

浦由希子・遠藤重典・田中裕美子（2010）．読み書き障害児におけるかなの習得の躓きに対するトッ

プダウン式指導法の効果について　コミュニケーション障害学，*27*，87-94.

安村由希子（2018）．書き言葉の発達と保育　馬見塚昭久・小倉直子（編著）保育内容「言葉」指導法
　　（p. 88）　ミネルヴァ書房

安村由希子（2021）．学習障害について　児やらい，*18*(1)，119-124.

配慮を必要とする家庭に寄り添って

コラム

　子育て中の若い世代にとって，子育てについての不安感，仕事と家庭の両立の困難さ，経済的な負担など，安心して子育てに取り組めなくなってきた現状があります。子育てのやり方も，子どもに何かをさせるような早期教育にはとても熱心ですが，子どもの思いを受け止めることや，子どもの生活や遊びが，おろそかになっている家庭も見られます。子どもの情緒の安定や健康的な生活の確立のために，さまざまな形で家庭に対する支援を行い，保護者の養育力を高め，子どもの福祉や最善の利益を保障していくことが求められます。

　私たち保育者は，先生と呼ばれることもあり，保護者に対して指導しなくてはという意識が強くなりがちですが，"保育者と保護者は子育てのパートナー"だと言われます。保育者は指導者になるのではなく，保護者の意思や気持ちを尊重し，子育てのあり方を共に学んでいくパートナーシップの関係を築いていくことが大切です。

　子育てや園生活に対して不安や緊張の強い保護者とは，まず会話をすることです。日頃の園での出来事などを伝えると，リラックスした雰囲気のなかで，保護者の悩みが自然に語られるようになります。しかし，保護者のなかには，日常の会話や懇談会などでは話しにくい深い悩みやそう簡単には解決できない問題を抱えている人もいます。不適切な養育が行われている場合や，親が鬱などの心身の病に罹っている場合，子どもに発達の遅れや問題行動が見られる場合などは，より丁寧な支援が必要です。

　保育者として5年目を迎えるM保育士は，2歳児の担任を務めています。クラスには，Y君という配慮を要する家庭の子どもがいました。入園当初からお風呂に入っていない日が多く，洋服や持ち物が汚れているときは園で沐浴や洗濯をしました。進級時，Y君は母親の出産のため長期間欠席したこともあり，みんなで同じように過ごす園生活の難しさや不安な気持ちが見られます。その後も，本人の体調不良や家庭の都合で登園しない日が続きます。母親と話したいという気持ちから，M保育士は家庭訪問を思い立ちます。アパートの階段を上り，玄関のドアを開けると，玄関先にはゴミの入ったゴミ袋が高く積み上げられていました。そんななか，迎え入れてくれた元気いっぱいのY君に対して，母親の表情は疲れ果てているように感じました。ゆっくり話をしていくと，お母さんが日々家事や育児に追われ，気持ちや体調の面でY君を保育園に連れて行けないことがわかりました。

　家庭訪問をしてからM保育士は変わりました。Y君が生きているだけでいい。Y君がどんなに朝遅く登園しても，「よく来てくれたね，ありがとう」という感謝の気持ちで接するようになりました。それまでM保育士は，「なぜ保育園に連れて来てくれないのか」，「集団のなかで過ごすことがY君のためになるのに」と母親を否定的に見ていましたが，子育てが困難な家庭背景を抱える母親の現実に直面したときに，「他の家族と比べたり，自分のなかの当たり前だと思っていた価値観を捨てて向き合いたい」と，見方が大きく変わりました。

　保育者が出会う家庭では，さまざまな背景や困難を抱えている場合があります。保育者が自らの家庭や家族に対する見方や考えを立ち止まって自覚化し，自分の価値観や情緒的なパターンや限界や欠点について，見つめ直すことも大切なことです。

（片桐真弓）

コラム　教育相談の心得①　おうちカフェ

「どうしたら子どもを学校に行かせることができますか。」

「子どもを学校に行かせるには，どうしたらよいですか。」

　教育相談の初回面談は，このような質問で始まることが多くあります。相談員は，「ご質問を繰り返しますね」と保護者の質問をそのまま繰り返します。保護者は，「はいそうです。なだめたりすかしたり，押したり引いたり，叱ったり，叩いたりもしました。とうとう全欠席となって６年も７年もたちました。」と息せき切って話されます。

　教育相談は，事前に在籍学校と連携して主訴を確認します。在籍学校の設定した主訴は，「再登校は二の次で，まずは親子関係の修復。親子で日常会話が出来ること」です。このケースのように在籍学校の設定した主訴と保護者の思いが違うことは，しばしばあります。クライエントである保護者の思いを丁寧に聞き取りながら進めますが，在籍学校が依頼者なのです。

　初回面談は，保護者の思いを在籍学校の主訴に近づけていきつつスモールステップの目標を持てるように保護者を導いていきます。冒頭の保護者の言葉から家庭内の様子を想像します。「どうしたら」のフレーズから察するに何とかしようとしてきたベクトルを感じます。保護者の願ったように「どうにかできた」あるいは「何とかした」経験があるからこその「どうしたらよいか」の発想になるのです。保護者が，よかれと思ってかけた言葉や視線も，感受性期と呼ばれる脳の発達期には最良ではないものがあったかもしれません。保護者は，子どもを傷つけようとか怖がらせようとか否定しようなどと思っていないにもかかわらず，萎縮しながら育つ子どももいるのです。

　本ケースの保護者（特に母）は，幼少期の祖父母の子守りに対して現在も不満を持っています。お菓子好きで偏食の多い聞き分けのない我が子の将来に不安を抱いています。お菓子をおやつと言い換えて視野を広げ，手作りおやつに取り組んでみましょうと誘うことで母の自尊心を探っていきます。母の抱える不安や不満は，計り知れないほど大きいかもしれません。だからこそはじめの一歩は，小さめに踏み出します。

　相談室からの提案は，『おうちカフェ』です。『おうちカフェ』は，決まった時間に手作りおやつ（パンケーキ）と飲み物を用意して誘ってみようといったシンプルな活動です。誘うだけという小さな一歩です。返答を期待せずに毎日毎日誘います。「何日耐えられる？」と母に問うと「次の面談日まで耐えます。頑張ります。励まして褒めて下さい」と話されます。親子関係の再構築へむけて母の挑戦『おうちカフェ』が始まります。目標は，「母がおうちカフェに我が子を誘う」です。

　何年も顔も合わせない，会話もないという親子関係を作り上げた背景には，母一人ではどうすることもできない事情があったかもしれません。だからこそ母子関係を見つめ直します。

　このとき大切なワードをお伝えします。「O3（おーすりー）」です。「①おどさない（おどす）・②おしつけない（おしつける）・③おだてない（おだてる）」の頭文字をとって「O3（おーすりー）」です。

　心の発達を意識した子育てにおいて「O3（おーすりー）」は，大切なキーワードです。そして「励まして褒めて」と話された母へのエールも忘れてはなりません。

（佐藤愛）

第Ⅱ部
実践編

心理学を取り入れた保育・教育現場での取り組み

第Ⅱ部では，さまざまな保育・教育現場の実践例や研究例を紹介します。保育や教育の現場では，心理学の理論を取り入れてどんな活動が行われているのでしょうか!?

第9章

人間性心理学の
理論と教育実践

第9章では，現場で行われている実践の背景にある，人間性を中心とした心理学の理論を紹介します。
　人間は成長する存在です。子どもの人間性を尊重し，教師，幼児や児童生徒の個々の症状やパーソナリティ特性に部分的に着目するのではなく，子どもたちがそれまでに培ってきた生き方に着目することも必要です。過去の問題にとらわれすぎず，これからの子どもたちの未来に焦点を合わせ，これから何をしたいのか，何ができたらよいかについて共感的に話し合うといったアプローチがこれからの教育には必要と考えられます。

9.1　人は何を求めて生きていくのか──マズローの欲求5段階説

　人間がより健康に生き，成長していくためには何が必要なのかという視点から1960年代に，**人間性心理学**が提唱され，その代表の研究者として**マズロー**（Maslow, A. H.）があげられます。それまでの心理学では，行動の原因の動機として，空腹のような，単純な特定の欲求を満たす欠乏動機などに重点がおかれていました。しかし，マズローはそれだけでは説明できない人間の成長への欲求があると考え，より高次の価値を求める人間の存在について研究しました。マズローは，人間には「こうなりたい」という自分をめざす欲求があると考え，これを**自己実現**と呼びました。

　その成長の段階には，低次の欲求として，下から**生理的欲求**，**安全欲求**，**社会的欲求**があり，高次の欲求として**承認欲求**，**自己実現欲求**があることを，**マズローの欲求5段階説**で説明しています（**図9-1**）。この理論では欲求は下層から満たし上昇することが原則です。

　「生理的欲求」とは，人間が生きていくための基本的かつ本能的な欲求のことです。例えば，食欲や睡眠欲，排泄欲などです。「安全の欲求」とは，心身の健康や経済的安定など，安心して生活したいという欲求です。「社会的欲求」とは，集団に所属したい，仲間を得たい，家族や友人などから受け入れられたいという欲求です。「承認欲求」とは，まわりの人や社会から認められたいという欲求です。そして最後の「自己実現欲求」とは，他者からの評価や賞賛ではなく，自分の能力が発揮され，理想の自分に近づきたいという欲求です。自己実現欲求は自己の内面からの欲求であり，自己実現欲求に従って動いている人は周囲からの評価や環境に左右されず，主体的に行動できます。

アブラハム・マズロー

アメリカの心理学者（1908～1970）。人間の心の健康についての心理学を提唱し，人間の自己実現について研究した。マズローの理論は，通称「自己実現理論（欲求段階説）」と呼ばれ，人間の欲求は5段階のピラミッドのように構成されているとする欲求5段階説を提唱した。心理学の領域のみならず経営学や看護学などの分野でも用いられている。

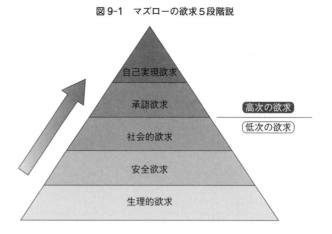

図9-1　マズローの欲求5段階説

9.2　人生の意味を考える心理学——アドラー心理学

アルフレッド・アドラー
オーストリアの精神科医，精神分析学者，心理学者（1870〜1937）。人の心と行動の問題を解決に導くために，学問として体系化するのみならず実践的な考えを打ち立てた。ユング，フロイトと並ぶ三大巨頭として現代のパーソナリティ理論や心理療法を確立したひとり。

　オーストリアの精神科医でもあり心理学者でもある**アドラー**（Adler, A.）は，人生の意味を考える心理学（以下，**アドラー心理学**と呼びます）を提唱しました。アドラー心理学も人間性を重視した心理学です。人生の意味を考える心理学といってもいいでしょう。自分自身の幸福と人類の幸福のためにもっとも貢献することは何か？　について深く探求しました。

　アドラー心理学を理解するために，重要な特徴について説明します。

（1）目的論

　人間の行動には目的があるというのです。アドラー心理学では，人の行動は，過去に起因するのではなく，未来をどうしたいという目的を達成するためにあると考えられています。人は，どんな形でも「将来に対する夢」「なりたい自分」といった目的を持ち，自分の人生に意味と価値を与え生きています。例えば，幼いときから人と接する機会が少なくて，その経験が原因で人とのつき合いが苦手という人は，なかなか自分を変えるのが難しいかもしれません。過去に執着するのではなく，これからどうなりたいかに着目し，これから人とどんなおつき合いをしようかという目標を持つことで，自分を変えることが容易になるかもしれません。

（2）ライフタスク

　幸せになるためには3つの課題が必要だとしています。「**仕事の課題**」，「**交友の課題**」，「**愛の課題**」です。仕事の課題とは，社会人として就職することや会社に勤めること，学生として勉強，地域活動，ボランティア活動をすることなどが含まれます。交友の課題とは，仕事以外の他者とのつき合いをいいます。友人や職場の同僚のような，長いつき合いになるけれども，運命を共にするというまでの関係ではない人との関わりです。愛の課題とは，夫婦，親子，家族，恋人との関係など，運命を共同するような人との人間関係です。そばにいる回数や頻度も多く，心理的距離が近いため人間観の形成や維持が難しく，愛の課題が最も難しいといわれています。アドラーは，これら3つの課題はすべてが対人関係の課題

であると考えました。人が悩むとき，これらの人間関係にかかわる課題に直面しています。

（3）課題の分離

人間の悩みのすべては対人関係の悩みであると説いたアドラーは，人間関係を円滑にするためには，他人の課題と自分の課題を分離する必要があると述べています。たとえば，子どもが勉強しないとき親は心配のあまり，「あなたの将来のためよ」という言葉で，あの手この手で勉強させようとします。しかし，アドラー心理学では，勉強するかしないかは子どもの課題であり，子どもの課題に親が介入するのは，けっして本人のためにはならないと指摘します。課題が分離できない状態では，他者の課題で自分が悩み，ストレスがたまります。親子間でしっかりとした信頼関係が結ばれている場合，親は「困ったときはいつでもお手伝いするからね」と伝えたうえで，見守ることも必要です。こうして親が子どもの課題を分離することで，子どもは「勉強しないと自分の目標には近づけない」と認識し，はじめて自分の課題と考えられるようになります。もちろん子どもは勉強をしないでも人生を送る方法を考えるかもしれません。それでも子ども自身の課題です。

（4）承認欲求の否定

人は誰かから必要とされているとき，「自分には価値がある」と実感します。しかし，アドラー心理学では，人は誰かの期待を満たすために生きる承認の欲求を否定しています。この考え方はマズローの承認欲求を認める考え方とは異なるところです。アドラーは，子どもが何かをしたとき，「よくやったね」「すごいね」と評価を与えるのではなく，「ありがとう」「助かったよ」と言うことで，子どもは認められたいという承認欲求ではなく，他者に貢献していると感じることが重要だとしています。

9.3 人を変えることはできないが自分は変えられる──選択理論心理学

選択理論心理学（以下選択理論と略す）は，アメリカの精神科医グラッサー（Glasser, W.）が提唱した心理学です。選択理論では，あらゆる現象や状況はすべて情報であり，私たちはその情報をもとに，そのとき最善と思う行動を選択していると考えます。それに対して従来の心理学では，人は外部からの刺激に反応して行動すると考えられていました。例えば，人が赤信号で止まるのは，信号が赤だから止まると考えます。それに対して，選択理論では，信号の赤は1つの情報であり人は自分の命を守るために止まろうと判断していると考えます。ときどき信号が赤でも渡ろうとする人もいますが，赤信号でも安全と判断しているのです。

選択理論でもアドラー心理学と同様に，人の抱える心理的問題の多くは人間関係が原因と考えています。ですので，選択理論でも，先生と生徒や恋人同士や家族といった身近な重要な人との良好な人間関係の重要性を主張しています。まず前提として，「他人を変えることはできないけれども自分を変えることができる」，「自分の過去を変えることはできないが，自分の未来を変えることができる」という考え方をしているので，他人を変えるよりも自分の考え方や行動を変えるほ

ウイリアム・グラッサー
アメリカの精神科医（1925〜2013）。医師としての経験から，自分の行動は自らの選択であるという「選択理論心理学」を提唱した。人は外側からの刺激によって動機づけられるのではなく内側から動機づけられるという考え方は，当時主流となっていた心理学と一線を画すものであった。

うが効率的で人間関係も壊さなくてすむと言われています。選択理論では，自分の行動に責任を持ち，自ら自分の行動を選択することで，自分の欲求を満たし，他者との良好な人間関係を作ることができるので，幸せな生き方ができると主張しています。

●9.3.1●　5つの基本的欲求

選択理論は，「5つの基本的欲求」という考え方を基本としています。人はすべて自分の欲求を満たすために行動するとして，人の行動の源泉を基本的欲求の充足に求めます。

5つの基本的欲求とは，心理的な欲求である**愛・所属の欲求**，**力の欲求**，**自由の欲求**，**楽しみの欲求**の4つと身体的な欲求である**生存の欲求**とをあわせた5つの欲求で，私たちの誰もが生まれつき持っている欲求です（**表9-1**）。この欲求の強さやその欲求の満たし方は個人差があります。

- **愛・所属の欲求**とは，特定の人と愛し愛される人間関係を保ちたいという欲求と家族，友人，会社などの集団に所属したいという欲求から成り立っています。この欲求は一人だけでは満たすことができません。
- **力の欲求**とは，自分の欲するものを，自分の思う方法で手に入れたいと思う。人の役に立ちたい，価値を認められたいという欲求です。
- **自由の欲求**とは，誰にも束縛されずに自由でありたいという欲求です。自分の考えや感情のままに自由に行動し，物事を選び，決断したいという欲求です。
- **楽しみの欲求**とは，笑ったり楽しんだりと義務感にとらわれることなく，自ら喜んで何かを行いたいとう欲求です。勉強も楽しければ楽しみの欲求です。
- 最後に**生存の欲求**とは，空気や水，食べ物，住居，睡眠など生きていくための欲求です。

この5つの基本的欲求は，マズローの欲求5段階説のように，下の階層の欲求が満たされれば次の階層の欲求が生じると考えるのではなく，人はこれらの5つの基本的欲求を常に持っていると考えられています。そして人は，これらの5つの基本的欲求をバランスよく満たせていれば幸せであると感じるのです。

表9-1　5つの基本的欲求

愛・所属の欲求	愛し愛されたい，受け入れられたい 受け入れたい，人と一緒にいたい
力の欲求	勝ちたい，達成したい，認められたい 権力を持ちたい，人の役に立ちたい
自由の欲求	自分で選びたい，人に指図されたくない 行きたいところに自由に行きたい
楽しみの欲求	遊びたい，笑いたい，楽しみたい，学びたい
生存の欲求	食べたい，水を飲みたい，寝たい，健康でいたい

●9.3.2●　上質世界

図9-2に示されているのは**上質世界**といわれるもので，心の中の宝箱のようなものです。宝箱には自分にとって欲しいものや大切なものが入っています。具体的には，友達や恋人など一緒にいたい人，車・お金など欲しい物，宗教や規則

図 9-2　上質世界

①一緒にいたいと思う人
②最も所有したい，経験したいと思うもの
③行動の多くを支配している考え，信条

図 9-3　上質世界と 5 つの基本的欲求

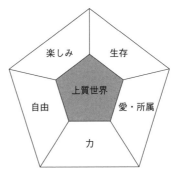

など行動の基準となるものが入っています。**図 9-3** には基本的欲求の中央に上質世界があります。上質世界のなかが他人と同じものであっても満たされる基本的欲求は異なります。例えば，上質世界の中に旅行があるとします。しかし人によっては旅の楽しみ（楽しみの欲求）を求める人，出会い（愛・所属の欲求）を求める人，一人になること（自由の欲求）を求める人，旅の自慢（力の欲求）を求める人など，満たしたい欲求はさまざまです。また上質世界の中身は固定したものではなく，常に作り変えられていきます。例えば，愛・所属の欲求の対象は最初は親であったのが，友達になったり，恋人になったりと変化します。

　私たちは，この上質世界にあるものに近づいたり手に入れたりしようとして，そのとき最も正しいと思った行動を取ります。私たちは上質世界にあるものには強い関心を持ちますが，上質世界にあまり関係のないものに対しては関心を払いません。

●9.3.3● 大切な人との人間関係

　選択理論では，「大切な人との人間関係」を重視しています。人が不幸になるのは，現在満足できる人間関係を持てていないからであるとし，人の長期にわたる不幸や，心身の症状の背後には，多くの場合，大切な人との不満足な人間関係（人間関係の欠如や断絶）があると考えるのです。薬物依存，暴力，犯罪，学業不振，家族への虐待などといった今日の問題の多くが，大切な人との関係の断絶に原因があると考えるのです。大切な人との良好な人間関係こそが，5 つの基本的欲求を満たすために不可欠であると言われています。

　満足できる人間関係が持てないのは，相手との間で人間関係を損ねてしまうやりかたを選択しているからです。相手を批判する，責める，罰を与える，脅す，文句を言う，ガミガミ言う，相手を褒美で釣るなどの行為です（図 9-4）。私たちは，相手が自分の基本的欲求を満たしてくれるとき，幸福感を覚えてその相手に好意を持ち，親近感を感じます。相手との関係を良くするには，自分が相手の欲求を満たす存在になればよいと考えます。そのためには，相手との関係がよくなる行為，傾聴する，支援する，励ます，尊敬する，信頼する，受容する，**意見の違いを常に交渉する**ことによって人間関係をよくしていきます（**図 9-4**）。これらの行為は相手の愛・所属の欲求や力の欲求などを満たす行為であり，欲求が満たされた相手は欲求を満たしてくれた人に対して友好的になり，親近感・信頼感が増し 2 人の関係が改善していくのです。

意見の違いを常に交渉する
選択理論的に物事を考える人は，お互いの感じ方，考え方，願いなどが違うということを前提に，違いについていつでも話し合い，調整するという選択をする。相手を説得しようとするのではなく，相手との関係を優先し，お互いにとって良い道筋を探すのである。

図9-4　人間関係を悪くする7つの習慣と良くする7つの習慣

悪くする7つの習慣　　　　　　　　良くする7つの習慣

悪くする7つの習慣	良くする7つの習慣
1. 批判する	1. 傾聴する
2. 責める	2. 支援する
3. 罰する	3. 励ます
4. 脅す	4. 尊敬する
5. 文句を言う	5. 信頼する
6. ガミガミ言う	6. 受容する
7. 褒美で釣る	7. 意見の違いを交渉する

●9.3.4● 　選択理論等の人間性心理学に基づく教育とは

子どもが自身をコントロールする学校
例えばアメリカのミシガン州の公立小学校ハンティングトンウッズ・スクール。この学校は全米教員組合（NEA）から「全米一の優秀校」と紹介されている。

　選択理論に基づき，「教師が子どもたちをコントロールするのではなく，**子どもたちが自分をコントロールする学校**」が存在します。その教育理念は，良好な人間関係を前提としていますので，**図9-4**で示している人間関係を悪くする方法ではなく，良くする方法で教師は子どもと関わります。人間関係が良くなると教師の名前やイメージが子どもの上質世界（心の宝箱）に刻まれます。上質世界にある人や物は，自分の基本的欲求を満たすもの（例えば愛・所属の欲求）なので，満足感が得られます。自分にとって大切な先生の言葉や行動は，心地のいいものであり，たとえ注意されても心にストンと落ちてくるのです。

　学校で，先生や友達と仲が良いと，学校は子どもが持つ基本的欲求の充足の場となります。グラッサーは問題を抱えている子どもは「仲良くしたいと思っている人と仲良くできない」という悩みを抱えていることが多いと述べています。友達ができて愛・所属の欲求が満たされると，学校が心地のいい自分の居場所となるわけです。たとえ苦手な勉強であっても，勉強が好きになります。例えば，友達と協力する学習で，自分が学んだことを友達に教えたり教わったりすることで，先生から耳で聞くだけの学習よりもはるかに学ぶ効率が高まり，学びさえも楽しみの欲求ということになります。そのような教室では，先生からの命令，指示，強制がなく，脅しや罰もなく，問題が生じれば話し合って解決するのです。

　本書の第Ⅱ部では，日本の保育所・幼稚園，小学校，中学校での選択理論等の理論を取り入れた実践例を紹介しています。次の章から，乳幼児期から思春期までの教育現場での実践記録が紹介されます。どの実践や研究も，ここまでに示した人間性心理学に基づき，教師と子どもや子ども同士の関わりに注目して書かれています。ちょっぴり心が温かくなります。

─────────────────────────── WORK

■ 考えを深めるために
　本章で紹介した心理学の理論が，自分の経験に当てはまると思うことはないだろうか。また，今後に生かせそうなことはないだろうか。考えたことを話し合ってみよう。

引用・参考文献

Glasser, W.（1998）. *Choice theory*. Harper Perennial.（グラッサー，W.　柿谷正期（訳）（2000）. グラッサー博士の選択理論——幸せな人間関係を築くために——　アチーブメント社）

柿谷正期・井上千代（2011）. 選択理論を学校に——クオリティースクールの実現に向けて——　ほんの森出版

澤田　正（2016）. 選択理論に基づくコーチングのためのマイカーモデル——個人の統合的なコーチングモデルの提案——　兵庫県立大学商大論集, *67*(3), 77-117.

第 10 章

乳幼児保育からの メッセージ

今，日本の現状は，私たち乳幼児教育に携わる保育者に，大きな役割を期待される時代を迎えています。精神疾患患者数が 419 万人（2017 年）から増加の一途をたどり，自殺率は先進国で一番高く，そのなかでも若年層や女性が多いのが特徴です。また，児童虐待相談件数は過去最多の 219,170 件（2022 年対応）と年々増しています。この意義深い保育者という職業に対して大変だととらえるのではなく，保育システムを変えれば，大人も子どもも楽しくなり，より負担なく有意義な生活を送ることができると考えられます。第 10 章では参考にしていただける実践例を紹介します。

10.1 国から求められている現代の乳幼児教育と現状

2018 年に改訂された保育指針，文科省が掲げた「生きる力」の背景には，日本の歴史のなかで，教育の推移やモチベーションとなるものが変わってきていることがあります。昔は，便利なものや情報がなかったため，地に足をつけた日常で，自分でやれることをやっていました。これだと満たされた感覚を「実感」できるのですが，今や，自由や情報社会を使いこなせる能力や力をつけていく必要があります。そこでは，あえて丁寧に子どもたちに「体感」をさせてあげる環境（人的環境も含め）をつくる保育が求められています。そして，その力を育てるには，温かい人間関係がベースにあることは，どの時代も変わらない普遍のものです。

本章で紹介するのは，保育者も癒やされ，成長し，子どもや保護者と良好な人間関係を築きながら育てる「保育」を行うために効果的な実践方法です。

まず最初に，2 つの異なる保育システムについて述べておきます。本章でめざすのは後者です。

外からの刺激で子どもを変えようとする保育
- 直接子どもにレッテルを貼り，相手を（叱責し指導）変えようとし，やる気を出させようとする。やらせようとする。問題に対する言葉掛けが多い。
- 保育者の思い込みで話す。保育者のタイミングで動かそうとする。
- 子どもは大人に恐れを持つことで，または，大人をコントロールしようとして意識が人にいき，習得させたいものに焦点が当たらなくなる。そして，自己コントロール不能となる。
- 保育や行事の結果，評価を目的とし，プロセスを大切にしない。
- 「できる」「できない」「正しい」「正しくない」の二極で判断する。

子どもの内側の動機を引き出す保育
• 温かい人間関係のなかで見守り，できる限りのことを自分で行えるようにする。0歳児から意思決定をする少しの時間を渡す。 • 子どもの興味・関心・求めているイメージ像を一緒に見ようとする。 • 子どもの内側から動機が起こる環境を間接的につくり，保育のなかに子どもの心が動く「おもしろさ」を組み込み，非認知能力を育てる。 • 保育者自身が日々気分良く過ごし，考え方の寄り道をし，保育のプロセスを楽しむ。 • 行事のための毎日でなく，毎日の実体験の積み重ねを保護者と共有する。 • やりたいことには変えられるものと変えられないものがあることを教えることができ，子どもの自己コントロール能力を育む。子どもの納得感，小さな「できた！」を大切にする。 • 子どもの対話を大切にし，子ども同士の協同，協同学習をファシリテートする。

10.2 認可保育園でのアクティブ・ラーニングの実践研究

◆社会福祉法人端山園　大山崎さくらの里保育園（園児数207名，職員数56名）

　開園当初から3年間職員様研修をさせて頂いてきました。保育・職場の「おもしろさ」を生み出す保育システムに着目した実践研究を紹介します。

●10.2.1● アクティブ・ラーニングとは

（1）子ども主体の視点と対話的で深い学び

　「何を学ぶか」だけでなく「どのようにして学ぶか」を重視し，次のような学びをめざします。

• 一つひとつの知識がつながり，「わかった！」「おもしろい！」と思える
• 見通しを持って粘り強く取り組む力が身につく
• 周りの人たちと共に考え，学び，新しい発見や豊かな発想が生まれる
• 自分の学びを振り返り，次の学びや生活に生かす力を育む

（2）アクティブ・ラーニングから得られる基本的欲求

| 力
• 参加度が高い
• 自分でやろうと思ったことに取り組めた，実際にできた，やってみることができた
• 達成感
• 自分への誇り
• 自分の願い，求めていること，言いたいことが健全に伝わる体験
• 自分の意見を大切にしてもらえた
• 役割がある
• リーダーの体験
自由
• 自分のやり方でやってみることができる
• 自分の言葉で言える
• 自分で選択できる，決められる
• それぞれ自分だけの強み
• 創造する解放感 | 楽しみ
• チャレンジできるもの
• 知らないことを知れる楽しさ
• 学び，研究体験
• リアルな面白さ，感動，感性
生存の欲求
• 安心・安全
• 生活や通常に密着，あるいはリアル感がある
• 世の中の仕組みを知る，本能的に持っている能力を使いこなす
• 道具や乗り物，使い方を知る，見通しを持てる
愛・所属
• みんなで，グループでの関わり，話し合い，協力，調整
• 誰かとの関係を感じる（家族や友達など）
• 一人の人間として認められる
• チームの一員である |

●10.2.2●　5歳児クラスでの実践事例

(1) Before

　自分だけ，誰にも負けたくないということで譲らないトラブルは日々見られました。言葉での攻撃だけではなく，手が出る・押すなどの痛みを伴う攻撃によるケガもあり，保育者が止められないこともありました。子どもひとりが興味に突き進む力は強く大きいものの，友達と一緒になると自分の気持ちや思いとの相違が生まれ，トラブルになります。保育者は，叱ったり，間に入って子どもの気持ちを聞いたり，言い聞かせたりするものの，日々苦悩していました。

(2) アクティブ・ラーニングを意識した保育システムの実践

　以下は，p.98〜101にある図10-1〜図10-6がどんなことを表しているのかの説明です。それぞれの図と説明を照らし合わせながら読んでください。

◆図10-1　環境・システム1「かんさつ日記」

　子どもや大人も，人や物や物事を漠然と見たり，刺激に対して感情が先立ったりして，「何が」という本質を見る力が弱まっています。よくあるのは，直接子どもに教育しようとすることです。そうではなく，間接的に毎日の「やること」に「意識になかった視点」を組み込むことで，脳の習慣が身につき，ふだんから気づくことや見えるものが変わっています。

◆図10-2　環境・システム1　「かんさつ日記」Aの道

　図10-1で観察できる力がつき，それをどう表現しようかという段階において，文字に興味を持ち，「書く」ことを習得する動機が，子どもたちそれぞれのなかから生まれます。そして，**非認知能力**である「意欲・自己認識・やり抜く力」が育っています。

◆図10-3　環境・システム2　「かんさつ日記」Bの道

　日常を無意識に過ごしていた子どもたちに，物事を観察できる意識が育ち，日常の何気ないことから「おもしろさ」を拾えるようになりました。ある登園時，ひとりの子どもが床に描かれた赤い線を発見し，他の子どもたちを巻き込んで園庭に出て走り回って遊んだ後，円を描きその中におばけを閉じ込めるという展開になりました。立派なおもちゃがなくとも，脳の中であそびを作り出せる力がついています。

　また，『ざんねんないきもの事典』を毎日「1ページだけ読む」というシステムを組み込んで，「もっと，さらに」というワクワクが生まれました。調べたり，語り合ったりする姿から，集中力や自己コントロール能力も感じます。勉強の原点である「学びの種のおもしろさ」はこうした体験の積み重ねから生まれるのではないでしょうか。その後，行事「作品展」に自然に展開しました。行事は，行事目的に練習や製作をするものではなく，日常の成長プロセスにすぎません。

◆図10-4　環境・システム3　「伝える」小さな体験の数々

　自分の内側にあるものを健全に表現する機会として参観日にプレゼンテーションを組み込みました。保育者はファシリテートに徹します。子ども同士で学び合いができる協同学習は自己評価の世界で，さまざまな気づきがあります。このような毎日の過程のなかで，自分や友達の強みを見つけ，認められるようになってきているのも興味深いことです。

環境・システム

ここで用いている「環境・システム」とは，毎日の日常のなかに何かをすることを組み込むことで，その結果，子どもの内側からの意欲が高まるという実践方法である。直接子どもに働きかけ，子どもを変えようとする方法とは異なるものである。

非認知能力

学力やIQ（認知能力）といった数値で測れない，個人それぞれが持つ力。物事に対する考え方，取り組む姿勢，行動など，日常生活・社会活動において重要な影響を及ぼし，子どもの将来や人生を豊かにする能力である（自己認識・意欲・忍耐力・セルフコントロール・メタ認知能力・社会的能力・対応力・クリエイティビティなど）。心の育ち，働きに連動する。10歳までが一番育まれやすい。ジェームズ・J・ヘックマン教授のアメリカ「ペリー就学前プロジェクト」（1962〜1967年）実施後40年間の追跡調査・学術研究によって，非認知能力の高さが学歴や雇用，収入にも影響することが明らかになってきている。これからの時代はこの能力が重要視される。

それに付随して，保護者も子どもの視点に興味をもち，一緒に調べを共有する習慣がつき，親子関係を構築する機会にもなっています。

◆図 10-5 環境・システム 4 上質世界を達成する健全な創造性体験

遠足という行事を成長の集大成として，自分たちでものごとを創り上げ，創造する楽しさを体験しました。子どもたち自ら発信したものであるからこそ，最後までやり遂げ，さらなる能力が発揮されます。図の写真にありますように，これを機に建物の構造に興味を持った子どもは，もしかすると専門性を追求する未来の青写真も張りつけられたかもしれません。

◆図 10-6 遠足当日

通常，園外保育は，当日も保育者が主導するのが当たり前とされてきました。しかし 1 年を通した力の積み重ねによって，子どもたちは，駅への道順や降りてから到着まで，さらに館内も調べて知っています。自主的に責任を持って動ける子どもたちに成長しました。魚の説明も得意な子どもが受け持ちました。私たち大人の「子どもはお世話してあげないといけない」「子どもには無理」といった思い込みは，子どもたちの無限の可能性を邪魔しているのではないでしょうか。そんなディスカッションをする必要がある時代を迎えているのだと思います。

(3) after：保育者の変化

日々の保育のなかで，保育者が子どもたちを動機づけることを止め，子どもたちの力を信じ，見守り，任せ，育てることができるようになりました。子どもたちは，小学校に行っても，保育のプロセスで身につけた力は持続しています。

図 10-1 環境・システム 1 「かんさつ日記」

自分の「あったらいいなの世界」・物事をよくみる！
変化・違いを感じる

「自分の顔はどんな顔？」
「ピーター（うさぎ）の毛の流れは？」
「葉っぱの葉脈は？」
「野菜の色は？」
「カブトムシ（幼虫）の体の模様は？」

図10-2　環境・システム1　「かんさつ日記」Aの道

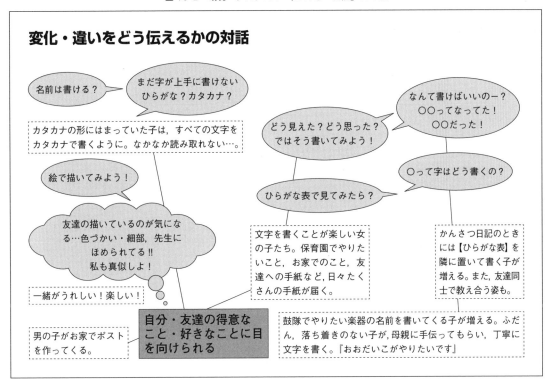

変化・違いをどう伝えるかの対話

名前は書ける？

まだ字が上手に書けない　ひらがな？カタカナ？

なんて書けばいいのー？　〇〇ってなってた！　〇〇だった！

カタカナの形にはまっていた子は，すべての文字を　カタカナで書くように。なかなか読み取れない…。

どう見えた？どう思った？　ではそう書いてみよう！

〇って字はどう書くの？

絵で描いてみよう！

ひらがな表で見てみたら？

友達の描いているのが気になる…色づかい・細部，先生にほめられてる‼　私も真似しよ！

文字を書くことが楽しい女の子たち。保育園でやりたいこと，お家でのこと，友達への手紙など，日々たくさんの手紙が届く。

かんさつ日記のときには【ひらがな表】を隣に置いて書く子が増える。また，友達同士で教え合う姿も。

一緒がうれしい！楽しい！

自分・友達の得意なこと・好きなことに目を向けられる

鼓隊でやりたい楽器の名前を書いてくる子が増える。ふだん，落ち着きのない子が，母親に手伝ってもらい，丁寧に文字を書く。『おおだいこがやりたいです』

男の子がお家でポストを作ってくる。

図10-3　環境・システム2　「かんさつ日記」Bの道『ざんねんないきもの事典』

おもしろいものを見つけるあそび　　　　　　作品展へと発展

ある朝赤いラインのおばけ出現⁉　子どもが発見してストーリーが展開。

気になったもの，気づいたもの，調べたもの，おもしろいもの，これからの1年間でたくさん見つけていこう‼

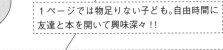
朝の会に1日1ページ『ざんねんないきもの事典』を読む

1ページでは物足りない子ども。自由時間に友達と本を開いて興味深々‼

色んな生態に興味を持ち始めて，調べてくる子どもたち。自分で選んだ生き物を作ることに！　海のいきものに決定！

親子で上質世界を共有

廃材やお母さんと見つけた素材で制作開始！　質問したら，あふれ出る知識。どうやって作ったか，大きさや特徴など。古代に生きたオパビニアなど多種。

友達同士でそれぞれ作ったものに対して，興味を持ち合い自然と話をする姿。

どんなものでもおもしろくする力が育つ

自分・友達の得意なこと・好きなことに目を向けられる

違いを認め合う

図10-4　環境・システム3　「伝える」小さな体験の数々

「表現」から人に「伝える」プレゼンテーションへ

答えを見つける手段…身近な人にインタビューなど。どうしても伝えたいこと，知ったこと，友達にも共有してもらいたい気持ちを自分なりに時間をかけて作成。

字を書くのが好きな子

電車大好きな子

ポケモンが詳しい子

ラキューの得意な子

おさかな博士の子

ゆり組36人の素敵なところを見られる・知れる

参観時に「好きなもの」と「疑問に思っていること」についてプレゼン作成。発表

自分・友達の得意なこと・好きなことに目を向けられる

貨物列車「レッドサンダー」，生まれた弟のこと，夢につながる仕事「ポリス」，家族と見た「流れ星」，「どうして歯は抜けるのか」，「魚はどうやって呼吸しているのか」，「雨はどうして降るのか」など。

担任は見守っているだけ

野外活動でのリーダー・副リーダー・時計係

自分の頑張り・責任で結果が出ることを知る子どもたち
本番はいつも以上の力が出せる！　楽しさ，おもしろさ倍増！！

敬老会での鼓隊演奏

図10-5　環境・システム4　上質世界を達成する健全な創造性体験

「遠足」というテーマから始まった興味・関心

お別れ遠足どこ行く？
知りたいこと，行ったことあるとこないとこ

鳥羽水族館・リニア・鉄道館・京トレイン・海遊館・科学のしくみ等があり，それぞれ交通手段や金額，どんなところかを調べて絵や文字で掲示。

ペンギンは海に入るときには，一番前にいるペンギンを海に突き落とし，安全を確かめるんだって！ほんとか見てみたいわ！

海遊館に決定！！

部屋にあったパンフレット

給食の魚・スーパーの魚に興味

ジンベイザメの大きさ実際にメジャーで測ってみた！

さかなクンのテレビを見てお母さんと喋った

家族で釣りに行ってきた！

海遊館の建物8階建てやで！　あっ10階になった！

園長先生に遠足に行かせてもらうためのプレゼン　観覧車も！！

構造について調べてきたY君は，当日バスから建物をみて「あの窓どうなってるの？」

図10-6　遠足当日

〈担任の振り返り〉
子どもたちの発信は保育者も楽しませてもらえた。ついていくだけの園外保育でなく，子どもたちの思いが主となり，行動して，周囲をその楽しさでいっぱいにすることのできた取り組みは，これからの子どもの成長につながる。

〈アクティブ・ラーニングを通して得られた結果〉

伝えるための言葉が足らずに思いが通じ合わず，痛みで友達に訴えてしまうトラブル→子どもたち一人ひとりがそのときに応じての思いや表現を伝える機会があったなかで36人の得意となる部分をみんなが知ることができた。
〈○○が必要なときには○○君を呼ぼう！　○○さんに力を貸してもらおう！　○○さんに聞いてみよう！〉と友達の輪が広がる。共に完成を喜ぶ・共に楽しむ・共に助け合うことでクラスがひとつになれた。

──── WORK

考えを深めるために
アクティブ・ラーニングのひとつの事例を聞いて，何か「こんなこともできそうだな」と思ったことを２人組になって話してみましょう。

10.3　企業主導型保育園での「愛着」を土台にした「心が育つプロセス」の実践研究

◆大師公園前ひのき保育園（0～2歳，園児数12名，職員数12名）
　オープン当初から携わらせて頂き2年半。人生の土台をつくる乳児期に，やるべき大切なことをブレずにめざす園を共につくってきました。大人も，心の育ちと実年齢とは一致していません。「愛着」をテーマに保育者と子どもたちが育ち合いをしたプロセスを先生方に語って頂きました（なお，ここでは0歳児から全園児を○○さんと呼んでいます）。

●10.3.1●　実践でわかった愛着形成の大切なポイント

（1）「わがままと」と「自立を伴う心の解放（自由）」とは違う

内側の自分を体感できる人生へ──「わがまま」「いい子」という大人のとらえ方が「外側に合わせる子ども」をつくる

　心で感じていることをわかっている人がいてくれると思えたときに，子どもたちは素直になれます。人として尊重され，内側の自分のことを，自分自身を受け

入れられます。「いい子」であることに安心するより，「実はいたずらちゃんなのね」みたいなほうがなにかおもしろいのです。自分を出せば悪い子だと思われます。だからいい子でいる。それだけを見せてしまいます。表面だけ見ると「わがまま」でも，本当の自分で人に関われたり，本当の自分を出していいとわかると，心の底から笑える感覚になります。私たちは何を育てたいのでしょうか。

「自分のままでいていい」──安心安全空間で育つもの

　Aさんは入園当初は表情がとぼしく，動作・言葉もゆっくりさん。おもちゃをとられたり嫌なことをされても，その場に固まり，泣くのを必死で我慢している姿が見られました。それに気づき「嫌だったね，泣いてもいいんだよ」と伝え続けると，我慢はするけどポロポロと涙が出てくるようになりました。喜怒哀楽を感じ感情を表現できるようになると言葉が内側からあふれてきました。今度は我慢する感情がないのかなというくらいです。言葉も意欲も出てきて楽しそうにケラケラ声をだして笑う姿がとても愛らしく，私たちも幸せいっぱいになります。ひのきに来てくれてありがとう！って。

（2）「放任」と「見守り（邪魔をせずに育むこと）」とは違う

一人ひとりとの対話と見守り

　大人に邪魔されていない。一人ひとりというよりは，子どもの世界を誰も邪魔しなくて見守ってくれている。否定もしない。これが気持ち良い空間を保障されるという意味かもしれないですね。そこでは子どもが自分の自尊感情，価値を認められるようになります。子どもたちに向けるカメラのファインダーは，大人の視点と一緒です。記念写真を撮ろうとするのと，子どもらしい成長が見られる場面を心に収めるのとの違いなのでしょう。

見守れる空間にするために必要なこと

　大人は，「子どもの主張」を実現することに難しさを感じたら，余裕がなくて無理だよね，しょうがないよねと解釈して，それを理由にぎゅっと子どもの心を縛って規制しそうになります。余裕のないなかでできるときもありますが，それはなぜでしょう。同じ気持ちで支え合える先生たちがいるからではないでしょうか。理解し合う空気感，同じものを見ている良い風土があるから成り立つのですね。

（3）「これをしました」を残したいからやるのと「楽しいから，一緒に楽しもう！」という動機づけのない絆づくりとの違い

絆づくりの場所

　シャワーをする，オムツを替えるなどで子どもと1対1になれるときに，子どもたちの小さな関心事に対して「そうそう！」と会話します。大人も心地良さを

感じる瞬間と空間が絆時間です。その時間が流れ作業のようになると本当にもったいないです。何を話しているのかというと，連絡帳の情報からひと言取って「こうだったんだね」「さっき楽しかったね」とか。また，子どもが発したことを，イメージの世界に入ってどんどん広げ，深掘りするとそれに付随して歌をうたったりして共感共鳴する。すなわち，絆づくり，愛着が生まれているのです。特に言葉で話していなくても，感覚として話を聞いた感じになります。大人も「本当に疲れちゃったよ」と正直に自己開示することによって，自分たちも言っていいんだとか，大人もしんどいときもあるっていうことがわかります。心の距離が近くなります。先生というより，人として信頼できる相手と思っているのでしょう。

　子どもたちの世界とつながって，そのままの自分を見てくれると「信頼」が育ちます。いつもおむつ替えのときに「ごろりんちょ」と言っていたら，お人形にも優しく丁寧に「ごろんちょ」と言ってままごとあそびをしていました。その優しさを見て自分のなかにある愛を知ることができました。

　足をどんどんさせて怒りを表現します。保育者の心が疲れていると顔を覗き込んで「先生楽しい？」ということも。「ありのままでいいだろう」と，ときに私たちに気づきを与えてくれます。

子どもは大人の内側を察知している。大人がしていることは返ってくる

　子どもたちとの時間は大切なのですが，気持ちが疲れているときもあります。そういうときに子どもは察して，後ろから自然にギュって「好きだよ」って。本当に大人みたい。教えてもらえますね。すごいなって。何をいうこともない，ただ抱きしめて「好きだよ」っていうのってできないですね。2歳クラスのSさんは「大丈夫。大丈夫。私がいるから大丈夫よ」と。そういえば，小さいときからSさんのことは，「大丈夫よ」と抱きしめてきました。そして友達にも泣いている子がいれば「大丈夫。大丈夫。友達がいるから大丈夫。」と。絆は，見せてくれる笑顔を見ればわかります。

子どもたちは自然にありがとうが言える

　癒されます。あまりにも素直に，タイミングも絶妙で。振り返ると，大人のほうが言っているかもしれません，子どもたちに「ありがとう」と。ごめんねというよりはありがとうが多いです。みんな可愛く見えるのは，「愛されている」「丁寧に大切にされている」からです。一人ひとりをそのような存在とみていると，子どもたちはそのようになるのですね。

(4)「甘やかし」と「信じる」の違い

子どもを大人が信じているか

　子どもは集中して遊んでいて，その遊びを止められたくありません。大人の都合で「やめないと」「こちらにきなさい」に対し，「嫌だ」となることは，わがままには思えません。納得度としてある程度満足いくまでやらせてあげることで，その後は流れが上手くいきました。子どもを信じる心持ちで接することがポイン

トなのでしょう。

とことん信じる

　どんなときもとことん信じています。子どもは，誰かが信じてくれていると思えるから，やってみることができ，「やることができた」自分を信頼できるのです。これが愛着なのではないでしょうか。

(5)「育てる」と「お世話」「躾」の違い

内側にあるものの表現の仕方，満たし方を知る

　内側にある感覚を表すのに不健全な表現方法しか知らないとき，しんどさが伴います。健全な気分の良い方法に一緒に移行していくことが大きな役割です。棚に登って「カァーカァー」と飛んだり，怖い顔をして「シャー」とか，噛みついたり，泣きわめいたりというような，自分も相手も嫌な思いをするやり方でなく，責任を伴った言葉や身体で表現してもらうのがいいでしょう。感情は外に出さないと，押し込めるか，不健全なやり方で出てしまいます。この習慣は大人になっても続き，言葉になかなかできずに心の中で完結しようとします。出さなければいけません。解放しないと。

　心の中のモヤモヤを「まっくろくろすけ」と一緒に表現します。「聞いてるよ」いや「聞くよ」っていう態度，それが大事なのですね。まっくろくろすけが出ていった感覚で，「抱っこして」「心から泣く」など，素直に自分の感じたときにそれを表現するようになりました。健全に表現することを覚えると，どうすればいいかわからなかったことも，帰りにママに伝えることができていました。

新しい先生もこの大切さを実感！

　ある日，「やっと先生が言っていることが解ったんです！　だから頑張らないとと思うし，支えたいというか一緒にやりたい」という力強い言葉が聞けました。

　午睡のとき，寝ない子どもにいつも四苦八苦。「どうする？　じゃあ抱っこで寝る？」って聞いたら，「おふとん」と言ってゴロンと寝ました。やっぱり小さくても子どもには意思があります。勝手に思い込みで動かすのではなく，尊重すべきです。育っていくお手伝いだけなのだということを理解されたようです。「躾」「お世話」という感覚でなく，「育てる」のです。子どもの本音は「子どもは寝なきゃいけないの？」です。眠いんだけど，頑として寝ないと決めています。それは思い通りにしようとしている大人に反抗しているときです。

(6)「受け入れる」と「受け止める」の違い

　ある登園時，Nさんが「ママ，バンドエイド貼ってー！」と泣きわめき，部屋に入りません。母親は言っていることを受け入れてはいけないと拒否し，さらに状態は悪化しました。

　「Nさん，バンドエイド貼って欲しかったのね」と，表面で言っていることでなく思いや人としての存在を受け止めます。そのままNさんは，泣き止んで部屋

の中へ。「人」としては尊重し，「物事」については必ずしも受け入れなくても納得度になります。分けてとらえることは，人との関係性においての大切なポイントです。

━━━━━━━━━━━━━━━━━━━━━━ WORK

■ 考えを深めるために

　印象に残った箇所を，脳裏に浮かんだ自分の体験，体感と合わせて，隣の人とディスカッションしてみましょう。

コラム　クラスのなかにいるちょっと気になる子

　1歳児のSくんは少し気難しいところがあり，どのように対応してあげたらよいか，職員会議などの場でも検討されるときによく名前が挙がっていた子でした。

　Sくんには大好きなH先生がいてその先生以外の人との関わりを拒絶するようなところがありました。たとえばH先生以外の保育士がお昼寝のときに眠りにつくまで体をやさしくたたいてあげようとすると泣いて嫌がったり，着替えの介助を嫌がるなど，体に触れられることに敏感でした。

　また，思い通りにならないと脱力し，その場に寝転がる。またはその場でクルクル回りだすという行動をとることもありました。言葉の遅れも少々あったためか，思うとおりにならないと頭を床に打ちつけてうめき声をあげることもあり，私たちはそのような行動を心配していました。

　一人っ子で両親の仕事がとても忙しく，祖父母のお迎えが多いので，寂しさから気にかけてほしくて起こしている一時的な行動かもしれないということと，保護者はSくんの行動についてご相談されてこられなかったのでしばらく成長を見守ることになりました。

　そんなSくんを，2歳児クラスで私が主担任として，H先生と新卒のR先生と3人で受け持つことになりました。

　Sくんは1歳児クラスのときほどではなくなりましたが，やはりH先生以外からの接触をあまり好まなかったり，強いこだわりを感じる言動が多々見られました。しかし，保育園では言葉を発することが少なかったのですが，お家では言葉も増えていたようで，ご家族は成長を感じられている様子でした。

　私は，もしSくんがなにか発達段階に遅れがあり日常に困り感を感じているのであれば適切な対応が必要かもしれない，保護者にどのようにお伝えしたらよいか，などと考えていました。しかしそんな心配をよそにSくんは日に日に言葉が増え始め，気になるような行動をとることもなくなってきました。

　そんななか，Sくんのお母さんが2人目を授かり，仕事をセーブして働かれることになり，これまでよりSくんとの時間が増え，送迎もお母さんがされることが多くなりました。2歳児クラスでの生活が半年ほど過ぎたころにはいつの間にかSくんは気になる行動をとらなくなっていたのです。

　Sくんのケースのように発達を見守ることも大切ですが，早めに専門家の診断や療育を受けることで困り感が減って落ち着いて生活できるようになることもあるかと思います。私は，Sくんの担任をして発達段階とはあくまで目安でありひとりひとりまったく違う，ということを実感しました。

　保育者に求められることは，日々積み重ねた経験と取り入れた専門知識をあわせていき，目の前の子どもと保護者にとってより良いことは何なのかを模索しながら接していくことに生かすことだと思います。

（中村香織）

第11章

幼稚園での
子どもとの関わり
子どもの欲求とは？

保育者は，子どもと良好な関係を築くことが重要です。関係が良好であると，子どもにとって園は安心・安全な居場所になるからです。そのような環境のなかで子どもは，遊びに夢中になり，創造性を育み，自分の欲求を満たしていきます。第11章では，子どもとの良好な関係づくりについてと，保育者の視点から見えてきた子どもとの関わり方について，実践を紹介していきます。

11.1　子どもの欲求と欲求を満たすものを理解する

●11.1.1●　大学院生と子どもとの関係構築

　筆者は大学生のときに，保育士をめざしていました。子どもと良好な関係を築いて関わることを楽しみたいと思い実習に臨みましたが，実際に子どもと関わると，その子がどのような思いで行動しているのかがわからない場面が多くありました。筆者が片づけをするように言葉をかけても，子どもはなかなか聞いてくれませんでした。なぜ言うことを聞いてくれないのか日々悩み，次第に子どもたちにかける言葉の数も少なくなっていきました。このような課題を解決したいと筆者は，大学を卒業後は大学院へ進学してより専門的なことを学びたいと考えました。

　大学院へ進学し学びを深めるなかで，子どもとの関係構築において大切なことは子どもの満たしたい欲求や，満たすものが何かを理解して関わることだと気づきました。人は誰しも愛し愛されたい，誰かと一緒にいたいという「**愛・所属の欲求**」，認められたいという「**力の欲求**」，自分のことは自分で決めたいという「**自由の欲求**」，楽しいことをしたいという「**楽しみの欲求**」，食べたい寝たいという「**生存の欲求**」の5つの基本的欲求を持っています（第9章参照）。そしてその欲求を満たすために何らかの方法をとります。基本的欲求は皆が共通して持っているものですが，基本的欲求をどのような方法で満たすかは人それぞれです。

　ここでひとつ実例を紹介しましょう。実習で，筆者はS君という男の子がセミ捕りをしている場面にあいました。セミは木の高いところにとまっていたので，S君が自分で捕ることは難しそうです。筆者は代わりに捕ることを提案しますがS君は「自分で捕りたい」と言います。筆者が「自分で捕りたいんだね。かっこいいね」と言葉をかけます。するとS君は「自分で捕って，それをみんなに見せたい」と答えました。この事例から，S君は自分のことを友達や保育者に認めて

S君の欲求について
　S君の言動から，S君は自由の欲求も持っているが，「みんなに見せたい」という言葉から，力の欲求が強いと判断した。

ほしい，つまり，「力の欲求」を満たしたいと思っていることがわかります。そして「力の欲求」を満たすために最適な方法として「セミを捕ること」を選んだのです。S君は過去にセミを捕ったことで周囲から認められた経験があったからこそ，今回もこのようなセミ捕りを選択したのだと考えられます。みなさんだったらどのような方法で力の欲求を満たそうとしたでしょう？　絵を描く，ダンスをする，自分の知っていることを相手に伝えるなど，さまざまな方法があると思います。

　このように，子どもの満たしたい欲求と，それを満たすためにどのような方法を取るのかを理解し，それに応じて関わり方を変えることで，子どもは「この人は自分のことを受け入れてくれる，自分が大切だと思っているものを同じように大切だと思ってくれている」などと感じるのではないでしょうか。

●11.1.2● 欲求チェックシートの活用

　とはいえ，子どもたちの欲求や欲求を満たす方法を理解するためには，どのような視点で子どもをとらえればよいのでしょうか。何か指標となるものがなければ容易ではないと思います。そこで筆者は，保育現場で保育者が，子どもの基本的欲求と，子どもが欲求を満たすためにどのような方法をとるのかを理解することができる**チェックシート**を作成することが重要だと考えました。ここではチェックシートについて実際の例を提示しながら解説をしていきます（**図11-1**）。チェックシートでは，「Yes」「Neither」「No」の3段階で，「Yes」が2点，「Neither」が1点，「No」が0点として基本的欲求の強さを点数化しています。また，その欲求を満たすために誰と一緒にいることが多いか，何をして遊ぶのか，どのようなことを考えているのかを記入する欄も設けました。チェックシートでは「**上質世界**」と示しています。

上質世界
個人の基本的欲求を満たす人や物，信条がイメージ写真として入れられている脳の部分。イメージ写真は本人のみが入れ替え可能である（第9章参照）。

　図11-1のチェックシートは，4歳児Aちゃんとの関わりをもとに作成しました。Aちゃんは「自由の欲求」が強いと判断しました。そして，その欲求を満たすために屋上で一輪車をすることや，ウサギやカメに餌やりをすることが上質世界に入っていることがわかります。また，筆者と関わるなかでAちゃんは，「いつもメリーゴーランド（一輪車の技の名称）しているもんな」と話をしたり，ウサギを指さして「この黒いのがクロちゃん。で，こっちがマーブルちゃん」と教えたりする様子も見られました。自分の上質世界に入っている事柄は他者に話したくなるものです。そんなAちゃんに対して筆者が，「Aちゃん，ウサギのことよく見ているね」などと言葉をかけることでAちゃんの自由の欲求が満たされ，Aちゃんは「この人（筆者）は自分が大切だと思っているものを同じように大切だと思ってくれている」と感じます。つまり，Aちゃんの上質世界に筆者が入ったということです。Aちゃんと関わり始めてしばらくたった頃，「これ，あげるね」と似顔絵をもらいました。そのときに，Aちゃんと良好な関係を築くことができたのだと実感しました。

　関わりは15日間という短期間であり，その期間のなかで子どもの様子を十分にとらえることは難しいですが，基本的欲求と上質世界の視点で子どもをとらえると，今までわからなかった子どもの思いや考えがわかり始めるようになりました。日々の関わりのなかで，「この子の気持ちがわからない」ではなく，「この子はどの欲求を満たそうとしているのだろうか。もしかすると寂しくて愛・所属の

図11-1　Aちゃんの欲求チェックシート

対象児　No.1　A
性別　男児　(女児)
年齢　4歳10か月

	No	Neither	Yes
【愛・所属の欲求】			
1　友達や先生に自分から挨拶をすることが多い	■	□	□
2　ひとり遊びよりも先生や友達と一緒に遊びたい	■	□	□
3　困ったときはすぐに先生や友達に相談する	□	□	■
4　友達や先生が困っていると手を貸すことが多い	■	□	□
5　自分の意見よりみんなの意見を大切にする	□	□	■
6　友達が多い	□	■	□
【力の欲求】			
1　やりたいと思ったことは実行するタイプ	□	□	■
2　自信のないことはなるべくしたくない	■	□	□
3　なんでも完璧にこなすことを目指している	■	□	□
4　自分が話題の中心でいることを望むことが多い	■	□	□
5　競争には勝ちたいという気持ちが強い	□	■	□
6　リーダー役になることが多い	■	□	□
【自由の欲求】			
1　人の意見に左右されない	□	□	■
2　自分のペースややり方でできる活動が好き	□	□	■
3　したくないことをさせられるのを嫌がる	□	□	■
4　のんびりすることが好き	□	■	□
5　自分なりのやり方で活動したい	□	□	■
6　決められたことをするのは苦手	□	■	□
【楽しみの欲求】			
1　物事に熱中しやすい	□	□	■
2　面白いことが好き	□	■	□
3　しなければならないことよりも楽しいことを先にすることがある	□	□	■
4　様々なことに興味を持つ	□	□	■
5　新しい玩具はとりあえず遊んでみる	□	□	■
6　新しいことを学ぶことが楽しい	□	□	■
【生存の欲求】			
1　初めてのことよりも慣れていることをするほうが好き	□	■	□
2　危険を感じることにはできるだけ近寄りたくない	□	□	■
3　目の前の楽しみよりも先のことを考えて行動している	□	■	□
4　スリルを味わえる遊びよりも毎日同じ遊びをすることが好き	□	□	■

	Aちゃんの上質世界に入っているもの
人	A2ちゃん　Cちゃん
もの	屋上で一輪車　ウサギとカメの餌やり　花壇でおままごと　木登り
考え	遊びたいと思った活動は，今すぐにやりたい

欲求を満たそうとしているのかもしれない」などと推察して，子どもの欲求や上質世界に応じた関わり方を考えることができるようになりました。どのような方法で欲求を満たしたいか，もし，うまくいかなかったときはどうすればよいかを，子どもと一緒に考えることでコミュニケーションが深められ，自身も楽しみながら保育に携わることができると思っています。

●11.1.3● 先輩保育者へのインタビュー

保育者は4月に子どもたちと出会い，良好な関係を作りながらクラスを運営していく仕事です。では，そんな保育者がどのような点に注目して子どもたちと関わり，関係構築を行っているのかを見ていきましょう。**図11-2**は，筆者がH幼稚園に勤務しているN先生に対して行ったインタビューの一部を抜粋したものです。

N先生は保育者歴20年以上の保育者です。インタビューをさせて頂いたときは4歳児の担任をしていました。筆者の「子どもとの関係構築を行っていこうとするなかでどのような視点で子どもを見て，子どもを理解しようとしているか」という質問に対して，N先生は**図11-2**のように答えていることから，N先生は子どもの遊んでいる様子や言動から一人ひとりの満たしたい欲求や，欲求を満たすためにどのような行動をとるかを考えながら保育にあたっていることがうかがえます。つまり，相手の上質世界を知ろうとすることが重要ということです。子どもの上質世界を否定せず大切にすることで良好な関係作りにつながるのではないでしょうか。

またN先生は，子どもとの具体的な関わりについての話をするなかで，その子が大切にしている友達のことを理解し，その友達を介した関わりを実践しているという旨を語っています。そして，子どもの特性や傾向に合わせて関わり方も変えていくと述べています。このことから，N先生はその時々の子どもの上質世界にあるものが何かを見極め，臨機応変に対応しようとしていることがうかがえます。上質世界にあるものは場面や時期によって変わっていきます。筆者も自身の幼児期の頃と現在の上質世界を比べると，大いに変化しています。とある一場面を見て「この子はこういう子だ」と思うのではなく，「今は○○が好きでこのような一面を見せるのだな」などと，子どもの欲求や上質世界は変化することをふまえて関わるのが重要だと思います。

子どもと関わる際には，目の前の子どもの様子からその子が満たしたい欲求は何か，その欲求を満たす方法として上質世界にはどのようなものが入っているの

図11-2　N先生へのインタビュー（抜粋）

筆者「子どもとの関係を築いていこうと関わっていくなかでどのような視点で子どもを見て，子どもの求めていることを理解しようとしていますか？」

N先生「その子が何をしたがっているか，何が好きか，どういうところが課題かっていうのを見ながら学級活動もしていったかな。」

N先生「（具体的な関わり方として）人間関係を軸に環境に対して開いていくきっかけを作ったらいけるんだなっていうような，その子の持つ性質とか傾向とかでその子の指導を変えていく感じ。」

かを予想し，上質世界が変化したらそれに合わせた対応ができることが保育者にとって必要な資質なのだと考えています。

●11.1.4● 欲求を推察することの意義

筆者は大学生のとき，子どもがなぜそのような行動をするのかを考えることができていませんでした。子どものことを理解することが不十分で時間に追われ，何とか自分の言う通りにしてもらおうと大きな声を出していました。しかし，筆者の思いを一方的に伝えるだけで子どもの声に耳を傾けないと良好な関係を築くことも子どもとの関わりを楽しむこともできません。大学院で基本的欲求と上質世界の視点で子どもをとらえることの意義を学んで実践したときに，これまでわからなかった子どもの思いや考えがわかり始め，子どもが欲求を満たすことができるように関わることができました。すると，筆者自身も保育が楽しいと思えるようになったのです。子どもの欲求と上質世界を理解し，良好な関係が構築されることで，筆者自身の欲求も満たされたのです。

また，今までは「子どもが私の言うことを聞いてくれたら，私は保育を楽しむことができるのに」と考えていました。しかし，子どもを変えようとするのではなく，筆者自身の視点や考えを変えるということが大切なのだと知りました。子どもも自身も楽しみながら一緒に過ごすために，生涯学びを継続していきたいと考えています。

11.2 言葉から子どもの思いに気づく保育者をめざして

私は今，発達の遅れや障がいのある子どもと関わる仕事をしています。子どもの特性をふまえながら，個別課題への取り組みや遊びや活動を通して子どもが集団活動へ参加できるように支援を行っています。子どもと関わり，人と関わるおもしろさを感じる場所となっています。そう思えたのは大学院生のとき，子ども，先輩保育者，そして自分と向き合い，少しずつ子どもと関わる仕事のおもしろさに気づくことができたからです。

11.2 節では，私の経験をふまえて，学生，新任保育者に，子どもとの関係構築，先輩保育者とのカンファレンスの重要性についてお伝えします。また，読んでいる方に，子ども，人と関わるおもしろさが伝わればと思います。

> **11.1 節と 11.2 節の事例**
> 11 章では，11.1 節と 11.2 節は別々の筆者が大学院生の保育実習の実践について書いている。

●11.2.1● 子どもとの関係，向き合い方

保育者として子どもの思いを読み取り，子ども自身がその思いと向き合いながら行動できることが大切です。**図11-3** の出来事を振り返ると，子どもと関わることに自信がなく，他の保育者が使っていた言葉かけをしていました。そこで，会話の間や表情，声のトーンなどの細かい違いに気をつけ，言葉を変え，言葉のなかから子どもの内に秘めていることを探っていきました。

子どもに言葉で伝えるとき，まず重要だと思ったのは，保育者のことを子どもが「安心」「信頼」「尊敬」できるような存在になることです。そのために保育者は，子どもが大切にしていることは何かを考え，子どもと関わっていくなかで子

図11-3　インターンシップで幼稚園に行ったときの出来事（5歳児）

> 子どもたちと遊んでいると喧嘩が起きました。そこで私は，お互いの話を聴き，「それはいやだったね」「そんなことがあったんだね」と受け止め，言葉をかけようとしますが，どんな言葉をかければいいのか，何が正しいのか，と悩みました。やっとの思いで「どうしたいの？」と子どもに伝えますが，反応は返ってこず，子ども同士もっと言い合いになってしまいました。叩こうとしたり，暴言を吐いたりして解決できず，担任の先生が来て落ち着くようになりました。

どもの好きな遊び，好きなことなど，子どもが大切にしていることを知り，それを保育者も大切にします。子どもがどんなこと（遊びなど）をしてほしいのかをふまえて，保育者としての役割を担うことが必要です。注意したいのは，子どもの好きなことは日々変わることです。この子は「こうだ」と決めつけず，そのときどきにしたいことも違うので，そのときの関わりを大事にしてほしいです。

　そして，子どもに保育者のことを知ってもらうことも大事です。子どもが保育者のことをほとんど知らない状態では，保育者の間違ったイメージを形成する可能性があります。子どもとの関係を深めるためには，毎日，集まりの場面でクイズをすることや，遠足などの非日常の場面で伝えるなど工夫して保育者のことを知ってもらうようにします。そうすることで「安心」「信頼」「尊敬」できる保育者になっていくと思います。

●11.2.2● 先輩保育者とのカンファレンスの重要性

　私は，インターンシップ中，保育終わりにほぼ毎日先輩保育者とカンファレンス（振り返り）を行いました。また，時間が取れたときには，インタビューも行いました。その話のなかで，先輩保育者はどのように子どもたちと関わって，問題が起きたときどのように解決に向かっていくのか答えてくださいました。図11-4は，インタビューの一部を抜粋したものです。

先輩保育者A
保育歴12年の保育者である。

図11-4　先輩保育者Aのインタビュー（抜粋）

> 問題が起きたときは，自分がその問題を見て，状況がわかっているときは，客観的に見て，保育者の思いは伝える。事実があるからね。ただ，見てる状況だったとしても，その子の本当の真意は聞いてみないとわからないから，そこに関しては，ちゃんと聞く。「なんでそうしたの？」「どうしてほしかったの？」「どうしたいの？」「何に腹がたったの？」とか。
> 例えばS君の場合，友達を叩いちゃったとき，「なんでそんな叩くぐらい腹が立ったの？」，「あなたがそんなに腹が立つ理由はなに？」と聞く。「叩くんあかんよ」とか，「それダメ」っで言うのは，そんなこと本人はわかっている。でも，そのモヤモヤや，やってしまうモヤモヤのところをまずは，保育者が入って話を聞きたい。「なんで叩いたん？」とか，「なんでそんなに腹が立ったの？」って。「いや俺も話を聞いてほしかった」とか，「僕はこうしようとしたのに，話を聴いてくれんかった」，「こうしようと思ったのに…無視された」というのを聞いて，「あっ，それ腹立つよな」，「そんなときってこう言うたらいいんじゃない？」，「僕だったらこう言うよ」と保育者が次の一手を提案する。
> 今言ったことをどういう順番でどう差し込んでいくかは，そのときそのときによって違う。黒ひげみたいにナイフを差し込んでいくのは，そのときそのときなので一概には言えない。かつ，トラブルって相手方もおるから相手の子にも，叩かれて怒っているとしたら，「それは腹立つね」ってことを言う。相手が悪い一辺倒みたいな言い方だったとしたら，「どうやってほしかった？」と聞く。相手方がとるべき次への道を，示してあげることができると思うから。喧嘩して，「ここが嫌，悪い」って言って，スカッとするんじゃなくて，こんなとき，「こうやってしてくれたら俺うれしい」みたいに，諭すようなことへの価値を見出せたら，自分たちで自治ができていく。

※A保育者のインタビュー内容は，内容を変えない範囲で一部省略している。

子どもに「どうしたいの？」「これからどうなりたいの？」と言っているのは**自己評価**を促す言葉かけをしていると感じました。自己評価を促す言葉かけというのは，保育者の「どうしたいの？」の言葉かけによって，子どもが「友達を叩くのはどうだろうか」，「どうしたかったんだろう」と今の行動を確認し，自分自身の本当にしたい行動はなんだったのかを考える機会にし，「叩くのはいけなかったな」「こんな遊びを友達としたかったな」と本来考えていた気持ちが表れるようになるものです。周りのせいばかりにするのではなく，子どもが自分で自身の行動を変えることで，友達との関係や自分の気持ちもスッキリし，楽しく過ごすことにつながります。

ですが，どういった場面でも「どうしたいの？」と問うのではなく，その子どもが困っていることに目を向け，その子の心の奥にある本当の思いを，話を通じてわかっていけることが大切です。話をすることでその子の思いを知り，私の思いや考えも伝えながら，子ども自身がどうしたいのかを考えることができるようになります。

先輩保育者と毎日，保育を振り返るとき，私が感じた子どもの姿と先輩保育者が感じた姿が一致するときもあれば，違うときもあります。違うからいけないというのではなく，お互いがその子どもに対して，「どう思っている？」「どう分析している？」「どう見えたか？」という意見を出し，「どんな言葉をかけた？」「それはどうして？」など実際に子どもと関わった内容を話し，子どもはどういった思いなのか，明日はどのように関わってみようかと，振り返ることで，子ども理解につながると感じました。

●11.2.3● 成長を助ける保育者とは

先輩保育者とのカンファレンスのなかで，「成長を助ける保育者になれたらいいよね」と言われました。保育者の役割は，子どもに知識を伝え，教えることだと私はこれまで考えていましたが，子どもは自分で遊びやこれからの行動，活動を選択しているのです。ですが，子どもは成長の途中であるのでどうしたらいいのか悩んだり，言葉に詰まったりすることがあります。そんなときに保育者がその思いに寄り添い，悩んでいる，成長している子どもに対して言葉を通して成長を助ける，手伝えることが重要だと考えます。

言葉かけでも，子どもが自分から選択，行動できる言葉かけが重要です。子どもが問題を抱えているとき，保育者は良かれと思い，「○○したらいいよ」「○○をしなさい」「今，○○をしないと遊べません」などという言葉をかけていますが，強制的な言葉になってしまっていることがあります。保育者が「こうしたほうがいい」と決めつけてしまうことや保育者主導で言葉をかけてしまうと，子どもとの関係を壊すことになります。

保育者が子どもに代わって問題解決をしたり，答えを出したりしないことが大切です。子ども自身が経験のなかで問題解決能力を高め，保育者は子どもを信じ，見守ることで，最終的には子ども自身が自己評価を行うことができます。保育者はそれまで，自己評価を促す言葉かけを繰り返し，子どもが改善方法を考え，行動することで習慣となり，子ども自身が自己評価することを選択するようになると私は考えます。

私が実際に子どもと関わり，そのときのやりとりを「事例集」としてまとめた

自己評価

他人の評価ではなく，「自分で評価，点検すること」（柿谷・井上，2011）であり，「他人によって評価される他者評価に対して，自分の学習，行動，性格，意欲など自分自身で評価することであると考える」（恩田他，1999）。

事例集

この事例集は，主に5歳児の子どもの事例である。本書に掲載したのは，特に自己評価を重視した言葉かけである。その他の事例は，山田（2022）に記載している。

図11-5 事例集①

○○さんはどうしたいの？

作った木材を水に浮かべようとするが，浮かばない。周りの友達も興味津々。でもAさんはなかなか自分の思いを言葉にできず，周りの友達が「こうしたら，ああしたらいいんじゃない？」と意見が飛び交う。そんなときに言葉をかけるなら…

今までの私の言葉かけ

B「もっと木を増やしたら安定するよ」
C「土台を厚くしたら？」
Y保育者「みんな言ってくれているけど，どうする？」
A「うーん」
Y保育者「先生は，少し重いんじゃないかなって思っているんだけど，Aさんはどうかな？」
A「うん。木を減らしてみる」

子どもが自己評価できるよう意識した言葉かけ

B「もっと木を増やしたら安定するよ」
C「土台を厚くしたら？」
Y保育者「Aさんはどうしたいの？」
A「重くなるかも」
D「まず，どれくらいで沈むかしたら？」
E「木では，難しいんじゃない？」
Y保育者「Aさんはもうちょっとこうしたいとかある？」
A「あっ！」
と言い，もう一枚木の板を持ってきて2つに分ける。すると，船が浮かぶようになった。
Y保育者「Aさんの読みは当たっていたね。重かったんだね」

図11-6 事例集②

今からどんなことができるかな？

Aさんは，ピアノを弾いたり，お絵かきをしたりするが長続きしない。Y先生が「どうしたの？」と聞くと「することがない」というAさん。そんなときに言葉をかけるなら…

今までの私の言葉かけ

Y保育者「ピアノ上手だね。先生聞いていたよ！ピアノ好きなんだね」
A「うん」
Y保育者「Aさん，作ったりするの好きだよね。先生，みんなが面白いものを作れるように，いろいろ材料持ってきたんだ。Aさんなら面白いの作れるよ。やってみよう！」
A「うん。やってみる」

子どもが自己評価できるよう意識した言葉かけ

Y保育者「Aさんはどんなことが好き？何しているときが楽しいの？」
A「うーん。ピアノ！」
Y保育者「ピアノ好きなんだね。さっき弾いていたのAさん！？」
A「うん！そうだよ」
と，Aさんの好きなこと，もの，人の話をしていく。
Y保育者「Aさんの好きなこといっぱい知ることができて先生うれしいな。Aさんはなにがしたい？ 今からどんなことができるのかな？」

ものを作りました。そのなかの一部を紹介します（**図11-5**，**図11-6**）。ですが
注意してもらいたいのは，事例集のような場面があった場合，すべてが事例集の
ようにならないことと，子ども，保育者の関係によって大きく変わることです。
それを理解したうえで見ていただきたいです。この「事例集」が子どもと関わる
ヒントとなり，保育者が楽しく保育ができるようになればと思います。

─ WORK

■ **考えを深めるために**

①子どもの欲求を満たすために保育者はどのようなことができるでしょう
か？

②事例を読んで自分ならどのような関わりをしたいですか？　他の人と意見
を交換してみましょう。

③他者の意見をふまえ，もう一度自分で考えてみましょう。

引用・参考文献

Glasser, W. (1998). *Choice theory*. Harper Perennial.（グラッサー，W.　柿谷正期（訳）（2000）．グラッ
サー博士の選択理論──幸せな人間関係を築くために──　アチーブメント社）

柿谷正期・井上千代（2011）．選択理論を学校に──クオリティ・スクールの実現に向けて──
（p. 150）　ほんの森出版

柿谷寿美江（2003）．幸せを育む素敵な人間関係──温かさと思いやりが伝わる人間関係を築くに
は──　豊予社

楢林裕子（2021）．2020年度最終成果報告書　選択理論心理学を用いた子どもの欲求充足についての
実践的研究　鳴門教育大学紀要

恩田　彰・伊藤隆二（編）（1999）．臨床心理学辞典「自己評価」（杉村健）　八千代出版

山田涼介（2022）．2021年度最終成果報告書　子どもの欲求充足を促す言葉かけ──選択理論心理学
における自己評価の視点から──　鳴門教育大学紀要

コラム 子どもたちが私を育ててくれる

　ある年の３月31日の出来事です。私は担任する５歳児年長組の子どもたちや保護者の方に最後のあいさつをしながら，一人ひとりを見送っていました。はじめての年長組担任で，うまくいくことも失敗することもありましたが，子どもたちと一緒に笑って泣いて，楽しく過ごした１年でした。明日からもうこの子たちが「先生，おはよう！」と登園してくることはないのだと思うと，卒園を心からお祝いする気持ちの一方で，寂しさも感じていました。その日，最後まで残ってお迎えを待っていたAくんとBちゃんが，「先生，こっちに来て」と私を呼びました。２人の近くに行くと，クマの形の積み木に平仮名が１文字ずつ割り振られているドミノが12個床に立っています。「これなに？」と尋ねてみると，「先生，ドミノ倒してみて！」といたずらっこのような表情をしたAくんが言いました。私が先頭のドミノを指で押すと，ドミノは互いにぶつかり合ってパタパタッと倒れていきました。そこに現れた文字は，「○○○○○○（私の名前）だいすき♡」という文字でした。その文字を認識したとき，２人が「大好き」と言ってくれた気持ちやそれを文字で表せるようになった成長への喜び，これまでの思い出が頭の中によみがえり，目頭が熱くなりました。それでも泣くまいと我慢をしていましたが，Bちゃんが「先生，大好き！　また一緒に遊ぼうね。保育園楽しかった」と言ってくれたのを聞いたとたん，こらえきれずに涙がこぼれました。Aくんに「どうして泣いてるの？　僕たちが小学校に行っちゃうから寂しいの？」と聞かれ，私が「２人が大好きって言ってくれて，うれしくて涙が出たんだよ」と答えると，２人は顔を見合わせて「先生，うれしいのに泣いちゃうの？　ふふふ」と笑いました。２人に了承を得てそのドミノを写真に撮るとき，一緒に写ったAくんとBちゃんは敬礼のポーズをしました。10日前の卒園式で，「大きくなったら警察官になりたい」と夢を語っていた２人でした。

　ふりかえってみれば，はじめての年長組担任で，「私じゃなければもっとうまくできるかもしれない」という不安もありました。でも子どもたちはそんな悩みを吹き飛ばすくらい全身で「先生，大好き」と伝えてくれます。その姿に励まされ，子どもたちの信頼に報いることができるように今日もがんばろうと思うことの繰り返しで保育を続けられたんだなと改めて感じました。保育・教育の場で子どもと関わる仕事は，大きなやりがいがある一方で，自分の無力さを痛感することもあります。「自分はこの子たちにとっていい先生なのか」という不安や，正解がないさまざまな問題を考え続ける心もとなさにゆれることもあります。でもそのたびに子どもたちの姿に救われ，励まされ，また子どものためにがんばりたくなります。保育者をめざす学生だった頃，私は子どもにたくさんのことを教えられる魅力的な保育者をめざしていました。しかし，いざ保育者になって子どもと日々を過ごしてみると，子どもを育てているようで，育ててもらっていることに気づかされました。子どもに教えたことよりも，子どもに教えてもらったことのほうが多いかもしれません。

　子どもたちが教えてくれること，その声にならない声は，それを聴きたいと思って耳を傾ける大人にしか聴こえません。AくんとBちゃん，そしてドミノが写った写真を見返すたびに，子どもが教えてくれることや見せてくれる世界に耳や目を向けられる大人として子どものそばにありたいなと思い返します。そして，そういう大人が社会の中でもっと増えるように自分にできることを今日もがんばろうと励まされるのです。

（中ノ子寿子）

第12章

小学校での子どもとの関わり

すべての子どもたちが温かな家庭で育まれ，幸せに生きているのであれば，子どもたちの幸せを願うわたしたちにとって，どんなにうれしいことでしょうか。

しかし現実はそうではありません。だからこそわたしたちに何ができるのでしょうか。

12.1　学級崩壊を起こした子どもたちに寄り添って

●12.1.1●　関係性が壊れたクラス

　1日目。ヒヤリとした冷たい雰囲気の教室のなかに，わたしと視線の合わないそっぽを向いた子どもたち。それが，1学年に1クラスのみの田舎にある小さな公立小学校で，前年度学級崩壊を起こした子どもたちとの最初の出会いでした。ケンカばかり，争いばかりがよく起きる心がバラバラの子どもたちでした。「今，何ができるのだろうか」を考え続ける日々の始まりです。

●12.1.2●　給食ルール

　2日目の給食の準備の時間，教室に男子の姿がありませんでした。廊下に出ると，廊下で野球をしていました。準備の時間は廊下で遊び，給食のおかわりをめぐっては，激しい言い合い・小競り合いが繰り広げられました。

　声高に強く主張したほうの意見が通って，おかわりを勝ち取る状況に，ここは逆転の発想です。子どもたちが学校のルールを守らないのであれば，目の前の子どもたちと納得するルールを，子どもたちと一緒に創るのです（図12-1）。

　全体での話し合いが成立しないという状況から，給食ルールを制定したい子ども5人を募集し，その子どもたちと基本となるルール案を考えました。ルールを決める話し合いで最も白熱したのが，おかわりルールについてでした。給食のルール案を全体で説明し，1週間のお試し期間を経て，再度全体で話し合い，その後，皆が守るクラスの「憲法」になりました。「ミカン1個をジャンケンで勝った子が一人で食べるよりも，分けて一緒に食べたほうが美味しい」という意見が子どもたちの共感をよび，ミカンを分けて食べることになりました。給食のおかわりをめぐって言い合いや争いをしていた時間が，ミカンの一房まで分け合う時間に変わりました。少しずつ「ありがとう」と笑顔が広がっていき，給食を食べ

図12-1 給食ルールを子どもと制定する

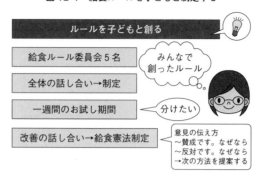

ている15分ほどが1日のなかで落ち着いた時間となりました。

　次は，給食の準備の課題に着手です。準備の時間に座って静かに待つことができない子どもが多く，注意をするとその声で準備の時間が騒がしくなり，準備が遅れるという課題がありました。

　関係性が十分に築けていない段階で注意ばかりすると，ますます子どもたちの行動も不適切になるという悪循環。どうしたらいいのか悩みました。学校現場では，目立つ良い行動をする子どもが褒められ，目立つ悪い行動をする子どもが注意されるという場面がよくあります。しかし褒めることも叱ることも，崩壊したクラスには通用しません。ここでも逆転の発想です。海の中をゆったりと泳ぐマンボウになった気分で，気持ちをゆったりとさせ，クラスのなかにいるわずかな，本当にわずかな，静かに席に座っている子どもの名前カードを「よい行動中♡」と書いた黒板に貼っていきました。そして，名前カードを貼るときに，にっこり笑顔を子どもたちに向けました。すると注意しても静かにならなかったのに，「えっ何？　魔法！？」と思うぐらい，静かに座って待つ子どもたちが増えていきました。こうして，全体の7割ぐらいの子どもたちが静かに待てるようになると，静かに待てない子どもたちへの個別の対話に着手です。子どもたちの「今，できていないこと」を叱るのではなく，子どもとの対話を通して，小さな1歩，ひとつの行動を決め，その行動をとれたとき，とろうとしたときに「やったね」「やろうとしたね」と認めます。「できて当たり前だ」と大人が決めつけているような行動ひとつとっても，子どもたちにとっては毎日の小さな一つひとつの積み重ねのなかでできるようになっていったのだという視点を，以前よりも強く意識するようになりました（**図12-2**）。

図12-2 目立たない「良い行動」に注目した

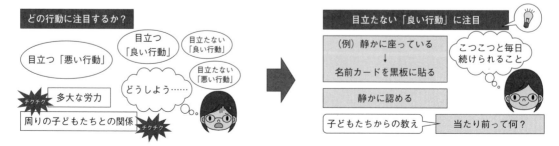

●12.1.3● まずは自分から

　最初から腕を組んでケンカ腰でわたしを睨みながら話す親と,「なぜできない
か」を話す教師。その横でうなだれている子どもの姿に, わたしは心が痛みまし
た。身近な大人たちに認められることよりも否定されることのほうが多くて, 傷
ついて無気力になった姿だったことに気づいたのです。子どもたちのうなだれた
姿は本当の子どもの姿ではない, 本来の子どもの姿に戻って, その子の力を存分
に発揮してほしいとわたしは願いました。そこから,「『ダメ』という言葉を一切
使わずに子どもたちと関わりたい」という想いがわいてきました。当時の学校現
場では,「○○してはダメ」という言葉はよく使われていました。わたしも使っ
ていました。しかし, まずは自分の言葉から変えようと決意しました。『子ども
が育つ　お母さんの言葉がけ』(汐見, 2010) という育児書には,

　　「どうしてできないの！」という新しい事を学んでいる子どもを責める言葉
　　「○○ちゃんが一番ね」という誰かと比較する言葉
　　「いいから黙って聞きなさい」という大人から子どもへの一方的な言葉
　　「失敗するのに決まっているじゃない」という決めつけの言葉
　　「イライラするな」と言わなくても子どもが感じて伝わる言葉
　　「時間の無駄ね」という子どもの試行錯誤や可能性を奪う言葉

といった, ついつい大人が子どもに言ってしまう言葉が書かれてありました。こ
の本を読んだときに, 未熟な自分を自覚して, それまで子どもたちにしてきたこ
とがとても恥ずかしくなりました。言葉を一つひとつ変えていく地道な取り組み
が始まりました。すると, 子どもたちとの関係性の質が変わっていきました。
「どちらがいいの？」「どうしてほしいの？」と子どもに問いかけると, 最初子ど
もたちはとまどって, どちらがいいのか, 何をしてほしいのかを伝えられない子
どももいました。それでも, コツコツと聞いていくと子どもたち一人ひとりの個
性が表れ始めました。やがて話を聞いている途中で, 堰を切ったように泣き出し
て, 誰にも言えずに抱えていた気持ちを話すようになりました。

●12.1.4● 温かな家族のようなクラスへ

　うつむきかげんな視線や寂しそうな表情を浮かべることが気になる女の子がい
ました。その女の子がアンケートに「学校が楽しい」と書いてきました。2人き
りになれるところに呼んで,「学校が楽しいのはどうして」と聞いてみました。
すると彼女の目からポロポロと涙が溢れ出し,「家だと (不登校の) お兄ちゃん
が暴れて叩いてくる」「家のなかはケンカばっかりだから, 学校が楽しい」と打ち
明けてくれたのです。「学校が楽しい」と言ってはいましたが, 学級崩壊をして
いたクラスです。子どもたちがいつもケンカをしたり, 先生がいつも怒鳴り声を
あげたりしていたはずです。家のなかでも学校のなかでも怒鳴り声やケンカの声
ばかり…。「どんな気持ちだったのだろう。ケンカの声や怒鳴り声を一生分は聞
いただろうな。もうそんな声を聞かせたくない。教室のなかで笑顔が見たい」と,
わたしは心の底からそう思いました。

　単学級の学校で, 同じクラスの一員として長い時間を共にしても, 温かな関係

性を築けていない子どもたちがいる。家族のなかで，同じ場所に長い時間を共に
しても，温かな関係性を築けていない親子がいる。「同じ場所に長い時間一緒に
いたとしても，温かな関係性が築けることになるとは限らない。あの冷ややかな
雰囲気は，心のつながりの薄さからきているのだ。それが目の前の子どもたちの
現状なのだ」と気づきました。子どもたちの現状を否定せず，そのまま認めて受
け容れると胸の奥の奥から「温かな家族のようなクラスにしたい！　心のつなが
りのある温かな家族のようなクラスにしたい！」という想いがあふれてきました。

●12.1.5●　ふわふわとチクチク

　いつも友達とケンカになって，「仲良くしたいのに，できないんだ！」と叫ん
だ子どもがいました。わたしは子どもの叫びを聞いて，「そもそも仲良くするっ
て何か」という問いをもっていたときに見つけ出したのが，「選択理論を学校に」
です。

　日本語を母語としない外国籍児童にも伝わるようにと人間関係を壊す7つの習
慣を「チクチク」，人間関係を築く7つの習慣を「ふわふわ」と表現を工夫して，
「ふわふわとチクチク」の授業をしました（**図12-3**）。

　すると，授業後に女の子がやってきました。

　「先生，わたし気づいたことあるよ。ふわふわだと，『天才のたね』が成長して
チクチクだと，しおれちゃうね。」

と言って，絵が得意だった彼女は，絵を描いてくれました（**図12-4**）。

図12-3　人間関係を壊す／築く7つの習慣

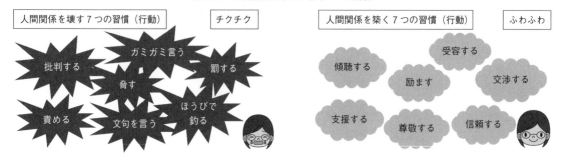

図12-4　女の子が描いてくれた絵

「ウザい」「死ね」などの言葉が飛び交い，ケンカがしょっちゅう起こっていた教室で「ふわふわとチクチク」を日々淡々と行うと，子どもたちが「今使った言葉ってチクチクだった」と自覚するようになりました。癖がなかなか治らない子には，黒板や紙に書くなど視覚的な理解を促したり，「チクチクを消します」と言って，黒板消しで消したり，紙に書いたチクチク言葉を丸めてゴミ箱に捨てたりするなど動作化すると，実際にチクチク言葉が減っていきました。「うざい」「バカ」「どうせできない」「むり〜」などの言葉が飛び交い，友達の挑戦をあざ笑ったり，バカにしたりするなど，冷たい関わり方だった子どもたちが，友達の挑戦を応援し励まし，友達のことを自分のことのように思って泣いたり笑ったりして共感が広がるクラスとなっていきました。

●12.1.6● いいとこメガネ

子どもたちに人気があったのは「いいとこメガネ」というゲームでした。「いいとこメガネ」は，友達の良さ・やってもらってうれしかったこと・大好きという気持ちを見つけて伝える魔法のメガネです。子どもたちは，このゲームを喜んで始めました。もともと互いのことをよく知っている子どもたち同士だからこそ，友達の良さに気づいて，伝えるようになりました。落ちたプリントを拾ってくれたとき，静かに座っていたとき，友達を手助けしたときの行為に対して「ありがとう」や「うれしいな」と気持ちを伝えると子どもたちがぱっと笑顔になり，一緒にうれしい気持ちになれました。

それから，相手の目を見る，話を聞いてうなずく，笑いかけるなど，相手の存在そのものを認める承認は，地味でもパワフルでした。これをわたしは「静かな承認」と呼んでいました。給食の時間，静かに座っている子どもたちに向けてにっこりと笑ったあの行為が「静かな承認」であったことを知るのです。

12.2 「飛び出し君」との対話と「飛び出し君」対策

●12.2.1● 「飛び出し君」との対話──「飛び出し君」の春風

次は，1週間に2時間，教室にいるかいられないかがわからず，暴れたり暴言を吐いたりして教室から飛び出していく「飛び出し君」に，安心する居場所ができたお話です。

「飛び出し君」と初めて出会ったのは，転校してくる2週間前のことでした。お母さんに連れられてきた「飛び出し君」は，校長室のソファーの上にあぐらをかいて座っていました。わたしをにらみつけると，「大人なんか信じるもんか！」とばかりに肩をいからせて，まるでハリネズミのように体中からトゲトゲチクチクしたエネルギーを放っていました。

◆転校初日の1時間目

新しい学校で新しい自分に変わりたい。友達がほしい。心の奥には大切な望みがあったはずなのに，授業開始5分後には，

「うるせ〜，ばばあ！　ぶっ殺す！」

と言って，教室から飛び出していきました。そのときの様子はまるで人への恐怖と不安でいっぱいの怯えた野良犬のようでした。わたしは彼を追いかけて，隣の教室に連れて行き，一緒にお絵かきをして彼の心が和らぐのを待ちました。

◆転校初日の2時間目

　少人数の算数を担当するパワフル先生が，初めて会った「飛び出し君」を授業中ものすごい目つきでにらみつけ，授業後

　「あいつの好きなようにさせとくの？　せっかくここまで来たクラスが，あいつのせいで，メチャクチャにされる。」

と，すさまじい剣幕でわたしに向かって怒鳴りました。わたしは

　「彼には居場所が必要だから，排除はしません。クラスに入れます。よい手立てを一緒に見つけていきましょう。」

と，パワフル先生の激しい剣幕に押されながらも，自分の想いを何とか伝えました。少しでも「飛び出し君」が安心するようにと，手をつないで職員室に行き，一人ひとり先生たちを紹介していきました。

◆1週間後，教室のなかで暴れた後で，

　「ぼくはね，良い心もあるけど，悪い心にのっとられているから，先生がどんなに頑張ったって，よい子にはなれないよ。」

　「飛び出し君」は絞り出すように言いました。彼の苦しそうな様子と，クラスの子どもたちに走った緊張感…わたしは，自分の呼吸を整えて，

　「だいじょうぶ。諦めないんだから。」

と，そのときできる精一杯の笑顔で言うと，クラスの子どもたちの雰囲気がゆるまったのを感じました。その日の体育の時間

　「悪い心がいっぱいあるようには思えないよ。今，がんばっていることがいっぱいあるよ。」

と伝えると，「飛び出し君」は，ホッとした様子を見せて，最初は「できないから」とやりたがらなかった逆上がりの練習をみんなと一緒に始めました。友達の手を借りながら，「飛び出し君」が生まれて初めて逆上がりができた瞬間，周りの子どもたちが，「よかったね！」と言って，笑って拍手をしました。少しずつ少しずつ，周りの子どもたちが「飛び出し君」を受け入れ始め，休み時間に一緒に遊ぶ姿が見られるようになってきました。

◆2週間後

　「この学校に来て，心に刺さっていたとげが30本は抜けたけど，まだ1500本ささっているんだ。」

と「飛び出し君」は言いました。まだまだトゲトゲだらけの「飛び出し君」の心の傷。少しでも心がゆるまるといいなと感じて，友達ができ始めた彼に，

　「友達といると，心があたたかくなる？」

と聞いてみました。すると

　「うん，あったかくなる。ずっと冷たかったから友達のこと考えると，あったかくなる。」

と胸に手を置いて，目を閉じて「飛び出し君」はそう言いました。このときの彼のうれしそうな笑顔，今でも忘れられません。ずっとずっと友達がほしかった

「飛び出し君」。

◆3週間目
　前の学校では担任の先生から「何かあったら責任がとれない」と断られて、遠足に参加できなかった「飛び出し君」。クラスのみんなと「飛び出し君」も参加できる遠足のグループを考え、同じグループになった子どもたちの保護者一人ひとりに、約2時間かけて対応策と方針を電話で伝えました。

◆遠足の当日、お弁当を食べた後で
　「まあ、先生はみんなに愛されているんだね。」
と言って、「飛び出し君」はわたしにうまい棒のチーズ味をくれました。
　他の子どもたちからも、
　「先生、食べて、食べて。」
と、手のひらいっぱいにお菓子が集まりました。「飛び出し君」に関わり続けるわたしに対する、「飛び出し君」からの「ありがとう」と、子どもたちからの励ましに感じました。美味しかったなあ…あのうまい棒のチーズ味…

◆1か月後
　「飛び出し君」が、ずっと教室にいるようになりました。
　「ぼくも変身しているよね。がんばれたよね。」
と言い始めました。それでも、家で暴力を受けたり、ご飯を食べさせてもらえなかったりして辛い思いを抱えて学校に来ると、暴れて物にあたったり、
　「先生なんかにおれの気持ちがわかるものか！」
と暴言を吐いたりすることがありました。わたしに向かって暴言を吐いた日は下校（帰る時間）になっても、なかなか教室から出て家に帰ろうとしないことがありました。
　そんなある日のこと…
　下校のときにまだ「飛び出し君」が残っているところで、
　「先生は、チクチク言葉を言われて、心は大丈夫なの。傷ついていないの。」
と、気にして言いにきた男の子がいました。子どもの心にある優しさに触れて涙が出そうになったけど、バツの悪そうな表情を浮かべた「飛び出し君」を目の端でとらえたわたしは、
　「チクチク言葉は嫌だよ。でも、本当は『飛び出し君』だって、言いたくって言っているのじゃないってわかっているから。」
と笑顔で答え、
　「明日も元気で学校においでね」
と、いつものように「飛び出し君」に精一杯の笑顔を向けて言いました。
　すると、男の子が思いがけないことをわたしに言ったのです。
　「僕にはね、『飛び出し君』が先生に許してもらって癒されているようにみえる。」
　すると、「飛び出し君」の雰囲気が和らいで、
　「さようなら」
と言って帰っていきました。
　わたしが子どもに驚嘆するのは、こんなときです。子どもたちはときどき友達

の心の奥にある小さな声を感じとって，うまく言えない友達の代わりに私にわかるように届けてくれるのです。子どもの心は何と柔らかで優しいのだろう…

　そんな「飛び出し君」が一度，大声をあげで泣いたことがあります。友達とケンカをして気が収まらず，教室を飛び出した後で，なかなか教室に帰れなかったときのこと。

　「あいつのいる教室は嫌だ！！！！」

と廊下で叫ぶ彼に向かって，

　「わたしはあなたに教室にいてほしいんだから！！！！」

と，大声で言い放ったときのことです。

　「飛び出し君」は，一瞬ぽかんとした顔をした後で，声をあげて泣き始め，ひとしきり泣いた後で

　「先生，ごめんなさい」

と言って，スッと教室に戻っていきました。「あなたにいてほしい…」という言葉。もしかしたら，「飛び出し君」がずっとずっと，誰かに言ってほしかった言葉だったのかもしれないと思いました。

◆「飛び出し君」が転校してきて大波小波の怒濤の5か月を経た清掃の時間

　「飛び出し君」が教室にいませんでした。学校のなかを探していたら，校庭の中庭で給食のゼリーを食べながら，日なたぼっこをしている「飛び出し君」を見つけたのです。とても穏やかな表情をしていました。

　「ああ，彼の1日のなかで，この穏やかな時間はとても貴重な時間」と思い，「掃除の時間だよ」と「飛び出し君」に言う気持ちが失せました。

　「わたしもちょっといいかな」

と言って，「飛び出し君」の隣に座っていっしょに日なたぼっこを始めました。

　中庭で一緒に日なたぼっこ…周りの子どもたちも何も言わず「飛び出し君」とわたし2人にしてくれました。転校してきた頃に暴れた後で，「悪い心にのっとられている」と言っていた彼の心…今はどうなのかなとふと思い，

　「悪い心と良い心，今はどうなの？」

と聞いてみました。すると，

　「最近は，どっちの心も混じり合っていて，僕の心が戦わないから，ずっとスッとしているんだ。先生，知っている。風にはにおいがあるんだよ。今は春のにおいがする。」

　そう言って彼は目を閉じて，風のにおいをかぎました。

　わたしも一緒に目を閉じて，風のにおいをかぎました。

　出会った頃は，人への恐怖と不安に怯えた野良犬のようだった「飛び出し君」と，今は，隣で一緒にのんびり日なたぼっこです。「飛び出し君」と共に過ごした約半年を振り返ってみると，前の学校の引き継ぎにあった友達への暴力が一度もありませんでした。年下の子とケンカになって，殴られたときもやり返すことはしませんでした。

　「友達を叩いたり，蹴ったりしていた暴力を，この学校ではやらなかったね。どうして我慢ができたの？」

と聞いてみました。すると，

　「前は友達が全然いなくて不安だった。今は，いろいろ周りがかまってくれる。安心するから我慢ができるんだ。」

と，「飛び出し君」は言いました。

　出会ったときには，1500本のとげがささった心で，トゲトゲの心のままに暴れていた「飛び出し君」に，心があったかくなる友達と安心する居場所ができて，一緒に日なたぼっこしたお話です。

●12.2.2● 「飛び出し君」に対する3つのアクション

(1) アクション1：複数対応

　週に2時間しか教室にいないという「飛び出し君」です。ひとりで抱え込むのではなく，学校全体の協力が必要でした。「飛び出し君」が教室から出て行った際にもクラスの子どもたちの授業が続けられるように，最初は複数対応での体制をお願いしました。

(2) アクション2：「飛び出し君」の居場所づくりと子どもたちの安全

　学校現場では，大事な価値観がぶつかるときがあります。「飛び出し君」の居場所づくりも大事，周りの子どもたちの安全も大事です。どちらをどれだけ優先するのかとても考えます。今回は，周りの子どもたちの安全を第1，「飛び出し君」の居場所づくりを第2と心の中で決め，「飛び出し君」が暴れるときには違う教室で過ごせるように空き教室を準備しました。

(3) アクション3：「飛び出し君」の居場所づくり

　事前の引き継ぎでは，「飛び出し君」には友達や教師に対する暴力・暴言があるとのことでした。一方で，彼には新しい学校で「友達がほしい」「変わりたい」という望みもありました。子どもたちの安全を大事にしていることを伝え，暴力をやめることを最初の目標にしました。その後，物を投げない，暴言をやめるなど，『学級担任のためのアドラー心理学』（会沢・岩井，2014）に書かれていた「子どもの不適切な4つの行動」を参考にひとつずつ優先順位を決めて取り組みました（図12-5）。

図12-5　子どもの不適切な4つの行動に取り組む

●12.2.3● 「飛び出し君」と男の子

　ふわふわとチクチクで忘れられないエピソードがあります。「飛び出し君」が転校してきたときに，最初に隣の席になった男の子がお話ししたことです。

　「先生，ぼくね，ふわふわとチクチクで気づいたことがあるよ。ふわふわさん

とふわふわさんは，仲良くなるでしょ。チクチクさんとチクチクさんはケンカになるでしょ。ふわふわさんとチクチクさんだとね，ケンカにはならないけどふわふわさんはチクチクさんのトゲトゲで傷つくでしょ。じゃあね，先生，ふわふわさんはチクチクさんと仲良くしないといけないの？」

わたしは，どう応えたものかと考え込みました。その男の子は，わたしをじっと待っていました。

「確かに，チクチクさんのトゲトゲは痛いけど，どうしたのって手を差し伸べる人でありたい。」

と応えると，男の子はにっこりと笑って言いました。

「ぼくもそうしたい。だってね，チクチクさんのトゲトゲは，本当はその子の心が傷ついているから。」

「飛び出し君」が転校してきたときに，誰が「飛び出し君」に優しくできるか，誰が「飛び出し君」に優しくできる子を懸命に応援できるか，そして，誰が「飛び出し君」に穏やかに接することができるかを考えました。暴れたり，暴言を吐いたりする「飛び出し君」に，わたしが「ダメ」と言わずに，「今，これをするよ」と言うと，男の子も「ダメ」と言わずに，「今，鉛筆を持つよ」「今，教科書○ページだよ」と，忍耐強く言い続けてくれたのです。

WORK

■ **考えを深めるために**

人生は，真っ白いノートに絵を描くようなものです。仮に，今のあなたは，どう理解したらいいのかわからない子どもと出会い，何をどうしたらいいかわからずにとても困っているとします。しかし未来のあなたは，今のあなたとは異なります。もし，未来のあなたが，今のあなたの人生を描くとしたら，どんなイメージでしょうか。そして未来のあなたに向かって，一歩踏み出すとしたら，どんな一歩からなら可能でしょうか。

引用・参考文献

会沢信彦・岩井俊憲（編著）（2014）．今日から始める学級担任のためのアドラー心理学　図書文化社
柿谷正期・井上千代（2011）．選択理論を学校に――クオリティ・スクールの実現に向けて――　ほんの森出版
ペンギン先生．「天才のたね」の見つけ方（ブログ）https://tensainotane.com/
汐見稔幸（2010）．子どもが育つ お母さんの言葉がけ　PHP研究所

巻き込み型掲示物

　小学校の保健室前の掲示物には視覚的，実践的に楽しめるものを取り入れていました。キャラクターが大集合した身長計，目の働きを使った遊びなど，毎回の子どもたちの反応を楽しみに作っていました。そのなかで一番人気だったのは1月に掲示した「健康おみくじ」です。

　筒と画用紙，番号を振った割り箸を用意しておみくじを作り，それぞれの番号を書いた封筒の中に運勢カードを入れました。カードの位置を毎日シャッフルしているので，前回と同じ番号を引いても運勢が同じとは限りません。おみくじを引くときのわくわく感を何度も味わうことができます。「先生，シャッフル！　シャッフル！」とカードのシャッフルコールから始まる朝は自然と会話が弾み，子どもたちとのつながりを作ることができました。大人の私でも，おみくじは特別感があってわくわくするのですから，子どもたちはその何倍も楽しんでくれていたのだろうと思います。

　掲示物を通して子どもたちからもらった言葉は，私にとって宝物です。日々成長し，変化する子どもたちの素直な反応と豊かな想像力を受けて，心をつかむ掲示物についてたくさん学ばせてもらいました。

（平木麻里）

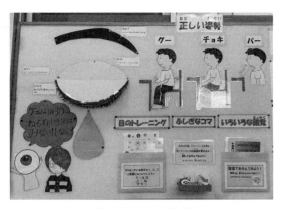

目の働きを使った遊び

キャラクターが大集合した身長計　　　　健康おみくじ

コラム 児童発達支援・放課後等デイサービスで働く保育士より

「"やだまさん"あ〜そ〜ぼ！」

　子どもたちは，職員の名前を○○さんと呼びます。私は"やまだ"というのですが，たまに"やだまさん"と言われることがあります。"やまだ"は言いにくいようです。"やだまさん"と言われたら「どうしたの？」「な〜に？」と返事します。やまだと遊びたい，やまだに手伝ってほしい，その気持ちがうれしいのです。発音は，年齢に伴って徐々に発達していきます。「やまださんにおもちゃ取ってほしいんだね」「やまださんうれしいな」など子どもに正しい発音を言い直してもらうのではなく，言葉のなかで"やまだ"という発音を伝えるようにしています。手を引いて伝えることから「先生」と呼ぶようになり，「"やだま"さん」と名前を呼ぶ成長過程があるのです。今しか聞けない「やだまさん，お外行こう」「やだまさ〜ん」を聞きたくて，「困ったらやまださんに言ってね」と言ってしまいがちです。

「やっぱりお母さん大好きだよね。」

　お部屋，お外で遊び，そろそろお迎えの時間。外から「にぃに〜」と聞こえてきました。「お母さんがきたよ〜」と伝えると，うれしそうに出入口に走っていくAくん。お母さんの顔を見ると，職員のところに戻って隠れようとします。「Aくん帰るよ」とお母さんが言うと，ニコニコしながら職員の後ろに隠れます。お母さんが大好きで，うれしくて，お母さんの反応を楽しんでいるようです。「も〜おいでよ〜」というと，次はお母さんの後ろに隠れて，職員の反応を見ています。「Aくん〜」と近づくとケラケラ笑って逃げようとします。「捕まえた〜」と抱っこするとギューと抱きしめてくれ，さよならのタッチをして帰りました。

　子どもと日々関わるなかで重要としているのは，子どもとの良好な関係を築くことです。まずは子どものことを知るために，ふだんの様子の動き，反応を観察し，なにより愛情をもって。そして，関わるときには，子どもの想いに寄り添い，「そうなんだね」と受け止め，「つらかったんだね」などと共感します。

　言葉だけでなく，背中をさすったり，ハグをしたりなどのスキンシップも一緒に行うことで心が満たされていきます。その効果は子どもの反応を見るとよくわかります。感覚が敏感な子どももいるので，その子にあった関わりを見つけることが大事だと思います（膝の上に座る，手を握るなど）。子どものことが知りたくて，かわいくて，わかってあげたくて，そんな思いで毎日子どもと過ごしています。

（山田涼介）

第**13**章

中学生との関わりから

7つの習慣で
教師と子どもの関係づくり

いじめ，不登校の問題や，「どうせ自分はダメ」「自分にはできない」という否定的な言動の多い生徒を目の前にして，私は対応に悩み，皆が幸せな気持ちで学校生活を送る方法はないのだろうかと，養護教諭として20年以上，暗中模索していました。第13章ではそこから得てきたことをお伝えしたいと思います。

13.1　人間関係を築く習慣

2000年に，アメリカにはグラッサーが提唱する選択理論（第9章参照）をベースにした「落伍者なき学校」と呼ばれる学校が20校近くあると聞いて，2005年に視察に行きました。それらの学校は「グラッサー・クオリティ・スクール」と呼ばれ，問題行動が皆無で，成績もよい学校が実在していました。4校訪問しましたが，どの学校も教師と生徒の温かい人間関係が感じられました。『グラッサー博士の選択理論』（グラッサー，2000）に書いてあるようなすばらしい学校でした。

グラッサーは脳の性質を説明し「教師と生徒の関係が良いと生徒は熱心に学ぶようになる」と言います。そして，良好な人間関係づくりのために「人間関係を築く7つの習慣」を勧めています。訪問した学校でも，教室や掲示板には7つの習慣のポスターが貼られており，教師自ら率先して使っていました。私も選択理論は実践学だと体感し，保健室や通路に「人間関係を築く習慣」のポスターを掲示し（**図13-1**），自分自身が批判し責めることをやめ，認め励ます言語習慣を身につける努力を始めました。一朝一夕にはできませんでしたが，私の使う言葉が変われば生徒から返ってくる言葉も変わり，生徒との信頼関係が深まっていきました。

選択理論の効果

【精神病院退院率】（1965年）
1% ➡ 95%
【刑務所再犯率】（1965年）
65% ➡ 3%
【学校での実践】（1995年）
問題行動ゼロや不登校ゼロ
成績向上
州平均→ハンティントンウッズ校
・国語49.5点 ➡ 83.2点
・算数60.5点 ➡ 85.3点

13.2　通常学級からの子どもの声「先生は嫌いだ，強制されるのは嫌だ」

教師側から見れば「あの子はなぜ，校則を守らないんだ？」「あの生徒はどうして指示どおりにしないのか？」と生徒の行動に悩む声をよく見聞きします。

保健室では，指導された生徒が「どうして大人は強制するんだ！」「だから先生は嫌いだ！」という会話もよく聞いてきました。話を聞いているうちにある程度落ち着きを取り戻し教室へ戻るのですが，後日，似たような問題を抱えて来室することも多く，選択理論を学んでからは質問を変えていきました。

強制について

強制が続くと，回復不能になる時点がある。親や教師との親しい関係が失われると，人間関係をあきらめ快楽を求め，破壊的な生活に突き進む子どもたちも出てくる（グラッサー，2000）。

外的コントロール
（通常の考え）

①人の動機づけは外側から。
※電話が鳴ると電話に出る。
②相手がしたくないことを
　させることができる。
　私もしたくないことをさ
　せられることがある。
③私は正しく相手は間違っ
　ているので，相手を正す
　のが道義的責任。

内的コントロール
（選択理論）

①人の動機づけは内側から
※電話が鳴っても出ないこ
　ともある
②相手がしたくないことを
　させることができない。
　私もしたくないことをさ
　せられることはない。
③人はそれぞれ考え方や願
　望が違う。それは間違い
　ではない。

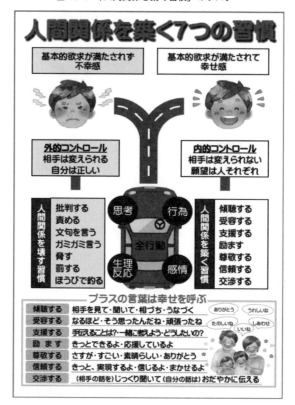

図13-1　「人間関係を築く習慣」のポスター

●13.2.1●「どうなりたいの？」は魔法の質問

問題は問題ではない

人は問題を抱えたときに，
自分の気分の悪さを，直面
している問題のせいだと考
えがちである。例えば他人
のせい，環境のせい，過去
のせいと訴えることがある。
しかし，変えられない他人
や過去や環境のせいにして
も問題が解決することはな
い。つまり問題が起きたと
きと同じ思考と行為では今
の問題は解決しない。「ど
うなりたいか」「何を得た
いか」と質問することで，
めざすところを明確にした
い。そして数分間，それを
得られたときの気分の良さ
を先取りして味わってもら
う。すると新しい効果的行
動に向かうエネルギーがわ
くようである。

　人が悩むのも，人が問題を起こすのも，得たいものが得られていないからだと
考えます。しかし子どもは，悩んでいるときは，親がわかってくれないからだ，
先生や友達が理解してくれないからだと，うまくいかない原因を周りのせいにし
がちです。選択理論は，問題の原因を探すのではなく，得たいものが得られる現
実的な方法を探します。

　例えば，新しいクラスになじめず体調不良を訴えて保健室へ来たAさん。話を
聞くと「実はクラスの雰囲気がイヤ。○○さんもイヤ，学校へ来たくない」と訴
えます。以前の私は，「何があったのだろうか。誰かに何か言われたのだろうか」
と原因や事実関係を把握して担任と連携して，問題解決のお手伝いをしようと考
えていました。対応にも時間がかかり，生徒も問題について語るとますます体調
が悪化し，私も疲れ切ることがままありました。

　選択理論を学んでからは，「どうしたの」と状況を聞いた後は，その後は，「ど
うなりたいか」に焦点を当てて質問していきます。想像の翼を広げてもらうよう
に楽しく考えてもらいます。「問題」を訴えるときの生徒の目線は下を向き，表
情は暗いですが，「どうなりたいか」を考え始めるとだんだんと目線は上向きに
なり笑顔が見え始め，「どうすればよいか」の解決方法を考え始めることも多い
ようです。

　例えば，Aさんは皆が嫌い，みんなに変わってほしいという考え方から，信頼
できる友人がほしいという本当の願いに気がつきました。そんな友人が一人でも

いれば安心して教室にいられると考え，そのような友達を持つには，自分自身が信頼される人になる必要があることにも自ら気がつきます。得たいものについて考える展開では，生徒の表情も明るくなり，内面から活力が引き出されます。相談時間も大幅に短縮され，問題解決能力が高まるので，繰り返し来室することも少なくなります。

　担任教師から「保健室へ送った子が，うれしそうな顔をして教室に帰ってきますね。何か魔法でも使っているんですか？」と声を掛けられることもありました。**図**13-2 に示した3つの質問は魔法の質問だと感じています。自分に使えば，セルフカウンセリングになります。

図 13-2　3つの魔法の質問

①どうしたの？
②どうなりたいの？
③（そのために）どうすればいい？

●13.2.2● 全校生徒の心理状態・自己肯定感を知って関わる

　保健室で個別に関わるときには内面を語ってくれて対応しやすいのですが，深刻な悩みを抱えていても，関わりが少ない生徒の場合，深い悩みを抱えているとわからないこともままあります。

　グラッサー博士は「人間関係の基礎は，信頼を確立することだ」と明言します。生徒自身が親や教師を信頼していれば，問題を起こす可能性はかなり小さくなります。親や教師を悲しませたくないからです。しかし，思春期の子どもが周りの大人と信頼関係を築いているかどうかは見えにくい場合があり，事件を起こして驚くこともあります。あらかじめ全校生徒の人間関係や生活の満足度や自己肯定感を知る努力は大切だと思います。

　そこで，生徒の心が満たされているかどうか，自己肯定感アンケートを毎年実施して結果を把握します（**図**13-2）。なかには，親や教師との人間関係や自分に良いところはあると思うかなど，すべての質問に▲が付いている生徒もいます。

自己肯定感アンケートについて

児童生徒の自己イメージ・自己肯定感を把握して生徒支援に役立てるために井上が考案し，2018 年に浜崎隆司教授によって検証され有効性が証明された。井上千代（共著）『選択理論を学校に』または井上千代のHP にアンケート用紙，集計表（エクセルシート），事前事後の校内研修用の資料をアップしている。

図 13-3　自己肯定感アンケート

「自己肯定感に関する調査」〜個人別アンケートの結果一覧〜　年　組	1	2	3	4	5	6	7	8	9	10	11	12	13	14	15	16	17	18	19	20	21	22	23	24	25	26	合計
	A	B	C	D	E	F	G	H	I	J	K	L	M	N	O	P	Q	R	S	T	U	V	W	X	Y	Z	
1 学校で，仲良くしてくれる友達がいるか　△あまりいない・▲いない	▲																										1
2 友達に，自分の気持ちや願いを言えるか　△言いにくい・▲言えない																											0
3 先生から，大切にされていると思うか　△あまり思わない・▲思わない	△	△	△	△	△	△	△	△	△	△	△	△	△														13
4 先生に，自分の気持ちや願いを言えるか　△言いにくい・▲言えない	▲																										1
5 家族から，大切にされていると思うか　△あまり思わない・▲思わない	▲	▲	▲	▲	▲	▲	▲	▲	▲	▲	▲	▲	▲	▲	▲	▲	▲										17
6 家族に，自分の気持ちや願いを言えるか　△言いにくい・▲言えない																											0
7「自分には良いところがある」と思うか　△あまり思わない・▲思わない		▲	▲	▲	▲																						4
8 (小) 運動が好きか。(中) 部活動が好きか　△あまり好きではない・▲きらい	▲	▲	▲	▲	▲	▲	▲	▲	▲	▲	▲	△	△														13
9 学校で勉強していることが，わかるか　△わからないことが多い・▲わからない								▲	▲	▲	▲																4
10 自分のことが好き　△あまり好きではない・▲きらい								▲	▲	▲	▲																4
合計（1〜10で，△または▲のついた数）	5	4	4	4	4	3	3	5	5	5	5	3	3	1	1	1	1	0	0	0	0	0	0	0	0	0	57
△＝－10点，▲＝－15点，50点以下は要配慮	30	45	45	45	45	60	60	30	30	30	30	65	65	85	85	85	85	100	100	100	100	100	100	100	100	100	2220

左端縦項目：愛・所属の欲求と力（承認）の欲求

備　考

教師の自己評価が起こる
自己肯定感アンケートの事後、「Aさんにこんなに一生懸命指導しても伝わらないのは信頼関係ができていないからですね…」と自己評価して、7つの習慣で関係づくりを始める親・教師も多い。

誰も理解してくれないと感じているのによく集団生活ができているなとその生徒の苦しい心情を想像することができ、受容や励ましの声をかけやすくなります。学校へ来ること自体がかなりのエネルギーを要する状態だと言えます。このような危険な心理状態にある生徒には、ふだんから気遣いを示し、一対一でその子の目を見て、「何かあったらいつでも声をかけてね」と数秒あれば伝えることができます。すると、その生徒の頭のなかでは、先生との対話が始まることがあります。教師が個人的に声をかけることが、とくに、心が満たされていない生徒にとってどれほど重要な意味を持つかは現場で身に沁みています。そのひと声が、事件が起こってからの百策に勝ると私は現場で感じていました。

13.3 「学校・教室には行きたくない」生徒に7つの習慣で接する

●13.3.1● プラスの言葉とマイナスの言葉

　　良かれと思って、マイナスの言葉で指導すると、相手は批判されていると感じ、多くの場合、反発したり萎縮したりしがちなので、人にできることは情報提供のみと考え、プラスの言葉を使っていきたいと思います（**図13-4**）。

●13.3.2● 学校に来たくない中1のA子の例

（1）自己肯定感の把握

最も重要な自問自答
グラッサーはカウンセリングにおいても、身近で大切な人との関係においても、こう質問することを勧めている。「それを言うことでその人との関係は近づくか離れるか、近づくなら言う、離れるなら言わない」。つまり、プラスの言葉で伝えよう。

- 家族構成：母（介護職）、母の祖父の3人家族
- 1年生のとき：1月末までの欠席が11日
- 自己否定的な発言が日常的にみられ、リストカットなど自傷行為がある
- 自己肯定感アンケート：−30点で、全校で最も低い
  * アンケートをもとに、彼女の心情を想像してみると、誰一人、信じられない状況で、登校していることがどれだけ努力を要することだろうかと思えた。自己肯定感を持てない生徒の苦悩を想像し、10問の質問によって、全校生徒の自己イメージを把握したうえで、相談に臨むようにしている。

（2）実際の相談例

◆1年生──2月26日

7：40　母親から学校へ、電話がかかる。
　　学校へ行きたくないと、泣いて訴えたが、「許さない、学校へ行け」と叱ったら、家を出たが、スクールバスに乗っていないかもしれないので心配になって……との連絡。

7：45　本人が、バスに乗って登校してきた。元気がない様子。見守っている。
　　教室へ上がったが、カバンだけおいて、切羽詰まった様子で、学級担任に、「保健室へ行かせてください」と申し出て、保健室へ来室。

7：50　本人の訴え。

A子：学校生活は嫌で苦しくて、4月からずっと、我慢してきたけれど、もう、限界です。学校生活のすべてがいやです。もう、来たくないです。もう無理です。それで、母親に学校へ行くのがつらいので休ませてほしいと訴えたのに、

図 13-4　人間関係を壊す／築く習慣と言葉

人間関係を壊す <u>７つの習慣</u> ◁── マイナスの言葉

壊す習慣	言葉の例
批判する	「それ, 間違ってるよ」「ダメだね」「遅い！」「無理に決まっている」
責める	「あなたのせいでこうなった」「なんでやらないの」「なんでできないの」
文句を言う	「いいかげんにして！」「いつもそうだよね」「困るんだけど」
ガミガミ言う	「またやったの？」「早く！早く！」「何回言えばわかる？」
脅す	「言うこと聞かないと○○しない（する）」「もう知らない」
罰する	「やってくれなかったから, 自分もやらない」「絶対, ○○しない（する）」
褒美で釣る	「言うこと聞いたら○○してあげる」「これやったら○○してあげる」

人間関係を築く <u>７つの習慣</u> ◁── プラスの言葉

築く習慣	言葉の例
傾聴する	相手を見て, うなずく, あいづち, くりかえし「何かあった？」「どうしたの？」
受容する	「なるほど」「そう思ったんだね」「たしかにそうだね」
支援する	「いっしょに考えよう」「応援しているよ」「味方だよ」
励ます	「あなたならできるよ」「がんばっているね」「大丈夫だよ」
尊敬する	「ここがいいね」「すてきだね」「ありがとう」
信頼する	「頼りにしているよ」「任せるね」「あなたならどう思う？」
交渉する	「私はこう思うんだけど」「私はこうしてほしいな」（私を主語に, おだやかに伝える）

　母親は,「お前が悪い」とか「学校は休むな」とか言われて, 失望した。本当に体もだるくてしんどいのに。もう, どうしたよいか, わからない。
（爆発的に, 感情的に泣き始めたので, 収まるまで５分間, 待った。）

私：苦しいのはよくわかったし。今まで苦しくて我慢してきたこともよくわかった。そんなに苦しいのを我慢してきたんだね。

A子：自分でも限界まで我慢してきました。

私：今まで, 我慢してきて……今日, もう我慢の限界と思った理由を……教えてくれる？

A子：（学年末）テストが終わって, 今日から部活が始まると思ったら, もう学校には行けないと思って……そうしたら, 体がだるく気持ち的にも動けなくなった。でも, 母親に厳しく叱られて, 今日は学校へ来たけれど, 明日からは来ません。

私：じゃあ, もし, 今日の朝のように, 部活のことが思い浮かんだときに, 今よりも, 苦しくなく, まあ, なんとかやれるかなあ……と思えたら, どう？　学校へ来るのが今より, 楽になる？

A子：それは, 学校に来るのが……楽になります。でも……無理。部活は苦しいです。

私：その苦しいなと思うときに浮かんだのは？

A子：ミスしたとき, 先生にそれもできんのかと言われたり, みんなからもそん

人間関係を築く習慣を使うコツ

グラッサーのお勧めの７つの習慣を使うことで人間関係は徐々に近づくが, ７つの習慣をひと言で言えば「相手を尊敬すること」だ。人はそれぞれその時点で自分が最善と思う行動を選択し続けてきた結果であると考え尊敬すると, 傾聴して受容しやすい。そこから, 相手を認め励ます言動を自然にとりやすくなる。また, 相手にだけ７つの習慣を使うのではなく自分にも使いたい。自分も最善を選択してきたので, 自分を尊重する気持ちを忘れずに。

７つの習慣・カウンセリングでのお勧めの手順

①傾聴して, まずは受容する。相手の話している内容が正しいと認めるのではなく, そう思っていることを認めるという意味で。

②そして, 支援し励ましの言葉を伝え, 良いところを見つけて尊敬や信頼の言葉を伝える。

③最後に, 必要であれば, 私を主語にして自分の意見を穏やかに伝えて交渉することが効果的である。

過去や現在の問題について
聞き続けるのを早めに切り
上げ
①問題ではなく「どうなり
たいか」に焦点を当てる。
※自由に楽しく，目安とし
て2分以上想像してもら
うと感情が動き，意欲が
わきやすい。
②願望実現のために必要な
行動を質問し，細分化を
促し報告を約束する。

な目で見られたり……それがつらい。私が悪いのだけれど，自分でどうしよう
もないので，もう，部活は無理です。

（自己肯定感の低い生徒は，自分だけがダメで，責められたように感じる傾向
がある。）。

私：じゃあ，部活について今よりも楽になる方法を一緒に考えよう。先生方も協
力してもらえるから。部活のことは，いつ相談しようか？

A子：放課後，部活の時間に。

私：放課後でよいなら，これからテスト最終日なので，後で受けるよりも，受け
たほうがいいのでは？

A子：はい。受けてきます。

（教室へ戻り，1時間目から，テストを受けた。）

その間に，ケース会議　学担・校長，教頭，生徒指導，養護教諭で今後の方向
性について話し合った。

◆担任が家庭訪問，保健室で相談，連携を密にする方向で

私：部活で過ごせる自分を想像したら，そのとき，何をしている？

A子：考えられない

私：一緒に考えよう。それがわかったら，ずいぶん楽になる。

A子：選手では無理。運動は嫌い。一生懸命やってもできない。みんなと同じこ
とができない。先生にもみんなにもバカにされている。なんで，そんなことが
できないのかと。それから，部活で，自分の時間が無くなるのもいや。

私：それでも今までは，自分なりに我慢してきたんだよね。でも，全員部活動制
という現実のなかで，どんな方法が考えられる？

A子：先生の手伝い。マネージャー的なことならやれるかも。でも……そんなこ
と，無理だと思う。

私：無理かどうか，顧問の先生に相談してみたら？

A子：言っても，無理だと思う。無駄だと思うから，もう行かない。

私：言わない限り，伝わらないよ。言ったら，伝わるかも。私もA子さんがそこ
までつらいとは，全然気がつかなかった。発信することには価値があると思う。

A子：はい，言うようにします。

＊その後，部活顧問，生徒指導，学担，養護他が連絡を取り合って，事例の理解
を深めた。

（自己肯定感が低い生徒に対し，学担を中心にみんなでケアしたことが効果的
であったと考える。）

選択理論では愛・所属や力
（承認）をベースに5つの
基本的欲求が満たされてい
る子ども（人）は問題を起
こさない。心にゆとりがあ
り思いやりや意欲を持ちや
すい。反対に5つの欲求を
満たしていないと暴言暴力
や引きこもりが見られがち
である。満たされている子
は，その行動ゆえに認めら
れ続け，プラスの行動が増
えやすい。満たされていな
い子は，その行動ゆえに叱
られることが多く自己肯定
感も低下しマイナス行動が
続きやすい。欲求が満たさ
れない子を観察とアンケー
トから把握して，愛と力を
満たす支援が問題の予防に
効果的である。

◆春休みの保健室でカウンセリング

私：部活のことは，今どう？

A子：大丈夫。なんとか，やっていけると思う。

私：もしあのときA子さんが気持ちを言えず，我慢していたらどうなっていたか
な？

A子：……1か月くらい学校を休んだと思う。でも，1か月来なかったら，ずっ
と来なくなるかも。学校を休んではいけないと言われたら，自殺していたかも
しれない。

（自己肯定感の低い生徒は，不登校，自傷行為，死のハードルが低い傾向がある。

計画を立てた後は，その報
告を促すことで，実行率が
かなり高まる。「いつ報告
してくれる？　できなかっ
たとしても報告してね。ま
た一緒に考えるからね」と
言い添える。

リストカットの経験もある。）

私：そのくらい苦しかったんだね。自分の気持ちを伝える，発信することは，本当に大事なことだね。これからも，一人で悩まずに，言ってね。

A子：はい。言えてよかったです。

13.4 　特別支援学級での子どもの声「学校には居場所がない」

　保健室には，特別支援学級の生徒も来室することが多く，自己肯定感を持てなくて苦しいと訴えることもあります。特別支援学級に在籍している3年生のCさんは，交流学級でリーダー的な存在のAさんから体育祭の練習中ににらまれたり，「あっちへ行って」と言われたりしてショックを受けました。それで，「私がダメだから，Aさんに嫌われている。先生たちはAさんがリーダーだし良い子だと思っているかもしれないけれど，私は怖いから学校へ来たくない」と訴えます。

　Cさんには，**図13-5**に示した事例のかおりちゃんの話をして，「『自分はダメ』と考えると苦しいよね。考え方を工夫してみよう」と投げかけました。Cさんは，しばらく考えていましたが，「自分なりに頑張っているし，Aさんと仲良くしてもらわなくていい。Bさんたちと遊べばいい」と笑顔で答え，自分から学級に戻りました。

図13-5　いらない言葉は受け取らない【練習問題】

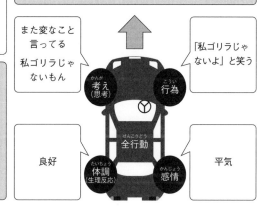

言われた言葉をどう受け取りますか？

【例】
かおりちゃんは，学校の休み時間に同じクラスのゴンくんから「お前はゴリラみたいやな。ゴリラ，ゴリラ！」と言われました。かおりちゃんはどうしましたか？

自分が幸せになるためには，かおりちゃんのようにゴンくんの言葉を必要のない言葉として，受け取らない選択もできます。かおりちゃんは，ゴンくんを変えることができませんが，ゴンくんもかおりちゃんを変えることはできません。ゴンくんの言葉をどう受け取るかは，かおりちゃんの自由なのです。

かおりちゃんの願い：
毎日を楽しく過ごしたい

また変なこと言ってる
私ゴリラじゃないもん

「私ゴリラじゃないよ」と笑う

考え（思考）

行為

良好

全行動

平気

体調（生理反応）

感情

全行動
全行動とは，人の行動を車にたとえ，自分でハンドルを握って運転席に座っているのは自分，ハンドル操作が効く前輪を思考と行為，前輪につられて動く感情と生理反応が後輪と考え，操作しやすい前輪を望む方向に操作して，幸せを選択することができると考える。

13.5 今後の取り組み──自己肯定感を高めるためのチーム支援

●13.5.1● 問題が表面化する前に

　前述の自己肯定感に関する調査で，気がかりなことがありました。かなり自己肯定感の低いと思われる生徒で，問題が表面化していない生徒は，その後のアンケートでもほとんど改善が見られなかったのです。そこで私たちは，問題が表面化していない今こそ，彼らに効果的に関わるチャンスととらえて，研修主任を中心に，校内研修で教師側からチームとして積極的に関わり，認め励ましていこうと確認し合いました。

　そのために，全職員で自己肯定感がかなり低いと思われる生徒の情報を回覧します。各自がその生徒に関して持っている肯定的な情報──「長所」や「努力したこと」「願望や関心のある事柄」について書き込み，支援資料を作成します。担任教師をはじめ生徒と特に関わりの深い教師がキーパーソンになって，支援資料を活用しながら，ふだんから子どもに積極的に声をかけ，認め励ます関わりを根気強く続けていきます。

　自己存在感を感じられる対応としては，皆で存在感を与える言葉をかけます（例：「元気でいてくれてうれしい」「かぜが治ってよかったね」など）。

　自己有用感・効力感を高める対応としては，皆でよい面を見つけ合って，伝え合います（例：「A先生が，練習の手伝いを頑張ってと言われていたよ」「U先生が，絵がとても上手って言われていたよ」など）。

●13.5.2● 魔法の声かけ　プラスの言葉

　「事前の一策は事後の百策に勝る」と思います。問題が表面化する前に，子どもに声をかけることで，子どもの笑顔が増え元気を取り戻していく事例に出会いました。しかし，彼・彼女らは，親，教師，友人から批判され責められる言葉を受け，言語災害ともいえる心の傷を抱えていることも多いようです。真の事前の一策とは，心の防災教育ではないかと考えるようになりました。自分が良い人間関係のなかで楽しい学校生活を送るためには，自分の言葉と行動の選択がそのカギを握るので，自分からプラスの言葉を使っていこうと伝えていきたいと思います。

　退職し学校現場を離れた私は，愛媛を中心に105校で「幸せを呼ぶ　魔法の声かけ　プラスの言葉」と題して人間関係づくりの出前授業を続けています。授業後は「人間関係を作る方法があると知って安心した」という感想が多く寄せられて手ごたえを感じています。今後は仲間を増やして，より多くの子どもたちにこの授業を届けることで，子どもたちのメンタルヘルスに寄与したいと思います。

　人の行動は思考・行為・感情・生理反応から成り立つ全体的なものと考えて，変えやすい思考と行為を工夫することで，同じ状況でも乗り越えやすくなります。選択理論は実践学なので，日常で自分の幸せにつながる思考と行為の置き換えを意識していきたいと思います。

個人的な注目が必要

子どもが健全に育つためには，できれば1日数分の個人的な注目が必要である。せめて1週間に30秒の注目を！　費用は掛からず利益は莫大である（グラッサー，2000，p.498）。

効果的な行動とは

クライアントにとって
- 簡単で
- すぐできる
- やったかどうか明確
- 短時間でできる
- 繰り返せる
- 幸せにつながる

ものである。教師やカウンセラーは上記かどうか吟味する。

出前授業の感想

小学校4年生からの手紙

先日は「プラスの言葉」について教えてくださり，ありがとうございます。私は心に残ったことがあります。自分が言われてイヤなことは「耳に入れなくてもいい」ということです。実は前に，自分の悪口を言われて苦しいことがありました。いつもいつもその悪口を思い出しては，泣きそうになることだってありました。そして，そのときから数年たった今，井上先生のお話を聞き，「自分はイヤなことばかり考えていた。そんなつらいことなんて思いださなくていい，ポジティブに考えればいいんだ！」と思い，心がふわっと軽くなり，気持ちも晴れやかになりました。これからは井上先生の言葉を心に残し，生きていこうと思います！　井上先生，これからもお体に気をつけてがんばってください。

WORK

■ **考えを深めるために**

選択理論をベースにカウンセリングや支援を行うときは，理論を腑に落としておく必要があります。人が良い気分で生活するためには，愛されている，認められているという感覚が必要です。

①そのために，親，教師は子どもに接するときに，外的コントロールを使って相手を批判し責めるのではなく，内的コントロールを信条として，認め励ます言語習慣を持つ必要があります。一貫性を持たないと，子どもは矛盾を見抜いたり，混乱したりするからです。

②まず自分で一貫して7つの習慣を使えるようになると，その結果として子どもたちの変化がみられるようになります。

ともに理論を学び，実践を深めていきませんか。

引用・参考文献

Glasser, W. (1998). *Choice theory.* Harper Perennial.（グラッサー，W.　柿谷正期（訳）(2000).　グラッサー博士の選択理論——幸せな人間関係を築くために——　アチーブメント出版）

柿谷正期・井上千代（2011).　選択理論を学校に——クオリティスクールの実現に向けて——　ほんの森出版

井上千代他（2022).　幸せになる魔法の手帳——大人も子供も使えるワークブック——　愛媛選択理論研究会

コラム　教育相談の心得②　「好き」が見つかるまで

「子どもに問題があるから子どものカウンセリングをお願いします。」

「子どもをカウンセリングに連れて来たら話せるようになりますか。」

「子どもをカウンセリングに連れて来たら学校に行けるようになりますか。」

　教育相談は，保護者が在籍学校から勧められて来られます。初回面談で保護者が冒頭のように話されることはまれではありません。このようなケースでは，「保護者の物事の受け止め方が柔軟になるようにカウンセリングをお願いします」と在籍学校が主訴を設定されていることが多いです。教育相談の特徴は，子どもが困り感を解消しようとすると周囲の大人が困ることがある点です。保護者は，子どもが話せるように，学校へ行けるように，問題が解決するようにと切に願っていても，理由があってそのような行動を見せている子どもの思いに気づきにくいものです。子どもの行動には，理由があるのです。

　本児は，ほとんど言葉を発する行為をせずに生活をしています。何とか声を聞きたいと焦る両親の気持ちを慮ることは容易です。母は，本児の体を揺すって「どう思っているの。おかわりをする？　しない？」と問いますが，うなだれているだけ。たまらずに頬をつねってしまったけれど「うーうー」と泣くだけ。ついに本児を突き飛ばして母自身も座り込んでしまうということが日常的にあります。二者関係の再構築は，両者にとって必須です。

　このようなケースでは，本児と向き合うときの母の切なさと計り知れないほどの心配を言語化するプロセスを丁寧に行います。「我が子と何をして遊びたい？」と母に問うことから始めます。考え込まれた母の沈黙から，「遊んでいる場合じゃない。遊ぶなんて悠長なこと考えられないわ」と聞こえてきそうです。母の答えは，「思いつきません」です。ご自身の幼少期は，何をして遊んでいたかについては，家の中そして外遊びと，話はどんどんと膨らみます。同時に我が子を思い浮かべてさめざめと涙を流されます。なぜ遊べないのかは，遊びの条件を設定してしまっているからです。その条件の一つひとつが，母の描く具体的な心配なのです。

　相談室からは，「スキンシップも遊び」と発想の転換を提案します。抱っこして（そばで）「大好きよ」と伝えます。何十回何百回も飽きるほど伝えます。「母さんの好きなモノは，○○よ」と，母の好きな歌，好きなスイーツ，好きな花，好きな絵本，好きな季節，好きな絵画，好きな空……光のシャワーのように好きをたくさん伝えます。頑なに押し黙る我が子に，母からは穏やかに和やかに温かくゆっくり笑顔で近づくイメージです。好きを語る母は，自然に笑顔になり，子どもの不安をやわらげます。このとき，共感する力が育ちコミュニケーション能力が発達します。

　ミラーニューロンという神経細胞の動きが確認された研究があります。相手の動きを見て自分も同じ動きを脳内で再現し，相手と同じ感情を抱くというものです。幼少時に継続的な不快体験があると傷つきやすい場所は，「海馬」「扁桃体」「前頭葉」です。本児が，「自分の好き」を見つけるまで繰り返し繰り返し好きを語る母を応援します。

（佐藤愛）

事項索引

人名索引

執筆者紹介

（※は編者）

※栗川 直子（くりかわ なおこ）　大阪樟蔭女子大学児童教育学部 准教授　　　　1章，p.33 コラム

原田 美代子（はらだ みよこ）　四国大学短期大学部幼児教育保育科 講師　　　2章

龍 祐吉（りゅう ゆうきち）　東海学園大学教育学部 教授　　　　　　　　　　3章

小川内 哲生（おがわうち てつお）　神戸親和大学教育学部 教授　　　　　　　4章

加藤 孝士（かとう たかし）　長野県立大学健康発達学部 准教授　　　　　　　5章

森野 美央（もりの みを）　長崎大学教育学部 准教授　　　　　　　　　　　　6章

矢野 潔子（やの きよこ）　熊本大学大学院教育学研究科 教授　　　　　　　　7章

安村 由希子（やすむら ゆきこ）　尚絅大学こども教育学部 准教授　　　　　　8章

※浜崎 隆司（はまざき たかし）　尚絅大学こども教育学部 教授　　　　　　　　9章

川合 亜希子（かわい あきこ）　株式会社 Verita 代表取締役　　　　　　　　　10章

楢林 衿子（ならばやし えりこ）　鹿児島女子短期大学児童教育学科 助教　　　11.1 節，p.22 コラム

山田 涼介（やまだ りょうすけ）　児童デイサービス「しゃぼんだま」保育士　　11.2 節，p.128 コラム

高橋 文尾（たかはし あやお）　元小学校教諭，一般社団法人天才のたね代表理事　12章

井上 千代（いのうえ ちよ）　元小中学校養護教諭，愛媛選択理論研究会共同代表　13章

中村 香織（なかむら かおり）　元保育士　　　　　　　　　　　　　　　　　　p.11・106 コラム

片桐 真弓（かたぎり まゆみ）　尚絅大学短期大学部幼児教育学科 准教授　　　p.42・51・82 コラム

中山 健（なかやま たける）　尚絅大学短期大学部幼児教育学科 講師　　　　　p.61 コラム

平木 麻里（ひらき まり）　尚絅大学・尚絅大学短期大学部 養護教諭　　　　　p.71・127 コラム

佐藤 愛（さとう あい）　広島県教育委員会こころの相談室　　　　　　　　　　p.83・138 コラム

中ノ子 寿子（なかのこ ひさこ）　尚絅大学短期大学部幼児教育学科 助教　　　p.116 コラム

古田 海南子（ふるた かなこ）　尚絅大学短期大学部幼児教育学科 実習助手　　本文イラスト

■編者

栗川 直子（くりかわ なおこ）
大阪樟蔭女子大学児童教育学部 准教授　博士（文学）
著書に，『事例で楽しく学ぶ子ども家庭支援の心理学』（共著，中央法規出版），『子ども家庭支援の心理学入門』（共著，ミネルヴァ書房）など。

浜崎 隆司（はまざき たかし）
尚絅大学こども教育学部 教授　博士（教育学）
著書に，『やさしく学ぶ保育の心理学 第 2 版』（共編，ナカニシヤ出版），『やさしく学ぶ発達心理学—出逢いと別れの心理学』（共編，ナカニシヤ出版）など。

やさしく学ぶ教育心理学
人と人とのつながりを求めて

2024 年 4 月 15 日　初版第 1 刷発行　　定価はカヴァーに表示してあります

編著者　栗川直子・浜崎隆司
発行者　中西　良
発行所　株式会社ナカニシヤ出版
〒606-8161　京都市左京区一乗寺木ノ本町 15 番地
Telephone 075-723-0111
Facsimile 075-723-0095
Website https://www.nakanishiya.co.jp/
Email iihon-ippai@nakanishiya.co.jp
郵便振替　01030-0-13128

装幀＝鈴木素美／印刷・製本＝創栄図書印刷（株）
Printed in Japan.
Copyright © 2024 by N. Kurikawa et al.
ISBN978-4-7795-1783-9

◎本文中に記載されている社名，サービス名，商品名は，各社が商標または登録商標として使用している場合があります。なお，本文中では，基本的に TM および R マークは省略しました。
◎本書のコピー，スキャン，デジタル化等の無断複製は著作権法上での例外を除き禁じられています。本書を代行業者等の第三者に依頼してスキャンやデジタル化することはたとえ個人や家庭内の利用であっても著作権法上認められておりません。